VICTOR HUGO

L'ART

D'ÊTRE

GRAND-PÈRE

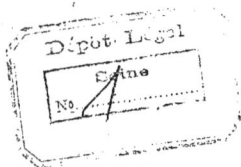

Nouvelle Édition Illustrée

VICTOR HUGO

L'ART

D'ÊTRE

GRAND-PÈRE

1774

L'ART D'ÊTRE GRAND-PÈRE

I

A GUERNESEY

I

L'EXILÉ SATISFAIT

Solitude! silence! oh! le désert me tente.
L'âme s'apaise là, sévèrement contente;
Là d'on ne sait quelle ombre on se sent l'éclaireur..
Je vais dans les forêts chercher la vague horreur;
La sauvage épaisseur des branches me procure
Une sorte de joie et d'épouvante obscure,
Et j'y trouve un oubli presque égal au tombeau.
Mais je ne m'éteins pas; on peut rester flambeau
Dans l'ombre, et, sous le ciel, sous la crypte sacrée,
Seul, frissonner au vent profond de l'empyrée.

Rien n'est diminué dans l'homme pour avoir
Jeté la sonde au fond ténébreux du devoir.
Qui voit de haut, voit bien; qui voit de loin, voit juste.
La conscience sait qu'une croissance auguste
Est possible pour elle, et va sur les hauts lieux
Rayonner et grandir, loin du monde oublieux.
Donc je vais au désert, mais sans quitter le monde.

Parce qu'un songeur vient, dans la forêt profonde
Ou sur l'escarpement des falaises, s'asseoir
Tranquille et méditant l'immensité du soir,
Il ne s'isole point de la terre où nous sommes.
Ne sentez-vous donc pas qu'ayant vu beaucoup d'hommes
On a besoin de fuir sous des arbres épais,
Et que toutes les soifs de vérité, de paix,
D'équité, de raison et de lumière, augmentent
Au fond d'une âme, après tant de choses qui mentent?

Mes frères ont toujours tout mon cœur, et, lointain
Mais présent, je regarde et juge le destin;
Je tiens, pour compléter l'âme humaine ébauchée,

L'urne de la pitié sur les peuples penchée,
Je la vide sans cesse et je l'emplis toujours.
Mais je prends pour abri l'ombre des grands bois sourds.
Oh! j'ai vu de si près les foules misérables,
Les cris, les chocs, l'affront aux têtes vénérables,
Tant de lâches grandis par les troubles civils,
Des juges qu'on eût dû juger, des prêtres vils
Servant et souillant Dieu, prêchant pour, prouvant contre,
J'ai tant vu la laideur que notre beauté montre,
Dans notre bien le mal, dans notre vrai le faux,
Et le néant passant sous nos arcs triomphaux,
J'ai tant vu ce qui mord, ce qui fuit, ce qui ploie,
Que, vieux, faible et vaincu, j'ai désormais pour joie
De rêver immobile en quelque sombre lieu;
Là, saignant, je médite; et, lors même qu'un dieu
M'offrirait pour rentrer dans les villes la gloire,
La jeunesse, l'amour, la force, la victoire,
Je trouve bon d'avoir un trou dans les forêts,
Car je ne sais pas trop si je consentirais.

II

Qu'est-ce que cette terre? Une tempête d'âmes.
Dans cette ombre, où, nochers errants, nous n'abordâmes
Jamais qu'à des écueils, les prenant pour des ports;
Dans l'orage des cris, des désirs, des transports,
Des amours, des douleurs, des vœux, tas de nuées;
Dans les fuyants baisers de ces prostituées
Que nous nommons fortune, ambition, succès;
Devant Job, qui, souffrant, dit : Qu'est-ce que je sais?
Et Pascal qui, tremblant, dit : Qu'est-ce que je pense?
Dans cette monstrueuse et féroce dépense
De papes, de césars, de rois, que fait Satan;
En présence du sort tournant son cabestan

Par qui toujours — de là l'effroi des philosophes —
Sortent des mêmes flots les mêmes catastrophes;
Dans ce néant qui mord, dans ce chaos qui ment,
Ce que l'homme finit par voir distinctement,
C'est par-dessus nos deuils, nos chutes, nos descentes,
La souveraineté des choses innocentes.
Étant donnés le cœur humain, l'esprit humain,
Notre hier ténébreux, notre obscur lendemain,
Toutes les guerres, tous les chocs, toutes les haines,
Notre progrès coupé d'un traînement de chaînes,
Partout quelque remords, même chez les meilleurs,
Et par les vents soufflant du fond des cieux en pleurs
La foule des vivants sans fin bouleversée,
Certe, il est salutaire et bon pour la pensée,
Sous l'entrecroisement de tant de noirs rameaux,
De contempler parfois, à travers tous nos maux
Qui sont entre le ciel et nous comme des voiles,
Une profonde paix toute faite d'étoiles;
C'est à cela que Dieu songeait quand il a mis
Les poëtes auprès des enfants endormis.

———

III

JEANNE FAIT SON ENTRÉE

Jeanne parle; elle dit des choses qu'elle ignore;
Elle envoie à la mer qui gronde, au bois sonore,
A la nuée, aux fleurs, aux nids, au firmament,
A l'immense nature un doux gazouillement,
Tout un discours, profond peut-être, qu'elle achève
Par un sourire où flotte une âme, où tremble un rêve,
Murmure indistinct, vague, obscur, confus, brouillé;
Dieu, le bon vieux grand-père, écoute émerveillé.

———

IV

VICTOR, SED VICTUS

Je suis, dans notre temps de chocs et de fureurs,
Belluaire, et j'ai fait la guerre aux empereurs;
J'ai combattu la foule immonde des Sodomes,
Des millions de flots et des millions d'hommes
Ont rugi contre moi sans me faire céder;
Tout le gouffre est venu m'attaquer et gronder,
Et j'ai livré bataille aux vagues écumantes,
Et sous l'énorme assaut de l'ombre et des tourmentes
Je n'ai pas plus courbé la tête qu'un écueil;
Je ne suis pas de ceux qu'effraie un ciel en deuil,
Et qui, n'osant sonder les styx et les avernes,
Tremblent devant la bouche obscure des cavernes;
Quand les tyrans lançaient sur nous, du haut des airs,
Leur noir tonnerre ayant des crimes pour éclairs,
J'ai jeté mon vers sombre à ces passants sinistres;
J'ai traîné tous les rois avec tous leurs ministres,

Tous les faux dieux avec tous les principes faux,
Tous les trônes liés à tous les échafauds,
L'erreur, le glaive infâme et le sceptre sublime,
J'ai traîné tout cela pêle-mêle à l'abîme;
J'ai devant les césars, les princes, les géants
De la force debout sur l'amas des néants,
Devant tous ceux que l'homme adore, exècre, encense,
Devant les Jupiters de la toute-puissance,
Été quarante ans fier, indompté, triomphant;
Et me voilà vaincu par un petit enfant.

———

V

L'AUTRE

Viens, mon George. Ah! les fils de nos fils nous enchantent.
Ce sont de jeunes voix matinales qui chantent.
Ils sont dans nos logis lugubres le retour
Des roses, du printemps, de la vie et du jour!
Leur rire nous attire une larme aux paupières
Et de notre vieux seuil fait tressaillir les pierres;
De la tombe entr'ouverte et des ans lourds et froids
Leur regard radieux dissipe les effrois;
Ils ramènent notre âme aux premières années;
Ils font rouvrir en nous toutes nos fleurs fanées;
Nous nous retrouvons doux, naïfs, heureux de rien;
Le cœur serein s'emplit d'un vague aérien;
En les voyant on croit se voir soi-même éclore;
Oui, devenir aïeul, c'est rentrer dans l'aurore.
Le vieillard gai se mêle aux marmots triomphants.
Nous nous rapetissons dans les petits enfants;
Et, calmés, nous voyons s'envoler dans les branches
Notre âme sombre avec toutes ces âmes blanches.

———

VI

GEORGES ET JEANNE

Moi qu'un petit enfant rend tout à fait stupide,
J'en ai deux, George et Jeanne; et je prends l'un pour guide
Et l'autre pour lumière, et j'accours à leur voix,
Vu que George a deux ans et que Jeanne a dix mois.
Leurs essais d'exister sont divinement gauches;
On croit, dans leur parole où tremblent des ébauches,
Voir un reste de ciel qui se dissipe et fuit;
Et moi qui suis le soir, et moi qui suis la nuit,
Moi dont le destin pâle et froid se décolore,
J'ai l'attendrissement de dire : Ils sont l'aurore.
Leur dialogue obscur m'ouvre des horizons;
Ils s'entendent entr'eux, se donnent leurs raisons.
Jugez comme cela disperse mes pensées.
En moi, désirs, projets, les choses insensées,
Les choses sages, tout, à leur tendre lueur,

Tombe, et je ne suis plus qu'un bonhomme rêveur.
Je ne sens plus la trouble et secrète secousse
Du mal qui nous attire et du sort qui nous pousse.
Les enfants chancelants sont nos meilleurs appuis.
Je les regarde, et puis je les écoute, et puis
Je suis bon, et mon cœur s'apaise en leur présence;
J'accepte les conseils sacrés de l'innocence,
Je fus toute ma vie ainsi; je n'ai jamais
Rien connu, dans les deuils comme sur les sommets,
De plus doux que l'oubli qui nous envahit l'âme
Devant les êtres purs d'où monte une humble flamme,
Je contemple, en nos temps souvent noirs et ternis,
Ce point du jour qui sort des berceaux et des nids.

Le soir je vais les voir dormir. Sur leurs fronts calmes
Je distingue ébloui l'ombre que font les palmes
Et comme une clarté d'étoile à son lever,
Et je me dis : A quoi peuvent-ils donc rêver?
George songe aux gâteaux, aux beaux jouets étranges,
Au chien, au coq, au chat; et Jeanne pense aux anges.
Puis, au réveil, leurs yeux s'ouvrent, pleins de rayons.

Ils arrivent, hélas! à l'heure où nous fuyons.
Ils jasent. Parlent-ils? Oui, comme la fleur parle
A la source des bois, comme leur père Charle
Enfant, parlait jadis à leur tante Dédé;
Comme je vous parlais, de soleil inondé,
O mes frères, au temps où mon père, jeune homme,
Nous regardait jouer dans la caserne, à Rome,
A cheval sur sa grande épée, et tout petits.
Jeanne qui dans les yeux a le myosotis,
Et qui, pour saisir l'ombre entr'ouvrant ses doigts frêles,
N'a presque pas de bras ayant encor des ailes,
Jeanne harangue, avec des chants où flotte un mot,
Georges beau comme un dieu qui serait un marmot.
Ce n'est pas la parole, ô ciel bleu, c'est le verbe;
C'est la langue infinie, innocente et superbe
Que soupirent les vents, les forêts et les flots;
Les pilotes Jason, Palinure et Typhlos
Entendaient la sirène avec cette voix douce
Murmurer l'hymne obscur que l'eau profonde émousse;
C'est la musique éparse au fond du mois de mai
Qui fait que l'un dit : J'aime, et l'autre, hélas : J'aimai;
C'est le langage vague et lumineux des êtres
Nouveau-nés, que la vie attire à ses fenêtres,
Et qui, devant avril, éperdus, hésitants,
Bourdonnent à la vitre immense du printemps.
Ces mots mystérieux que Jeanne dit à George,
C'est l'idylle du cygne avec le rouge-gorge,
Ce sont les questions que les abeilles font,
Et que le lys naïf pose au moineau profond;
C'est ce dessous divin de la vaste harmonie,
Le chuchotement, l'ombre ineffable et bénie
Jasant, balbutiant des bruits de vision,
Et peut-être donnant une explication;
Car les petits enfants étaient hier encore
Dans le ciel, et savaient ce que la terre ignore.

O Jeanne! Georges! voix dont j'ai le cœur saisi!
Si les astres chantaient, ils bégaieraient ainsi.
Leur front tourné vers nous nous éclaire et nous dore.
Oh! d'où venez-vous donc, inconnus qu'on adore?
Jeanne a l'air étonné; Georges a les yeux hardis.
Ils trébuchent, encore ivres du paradis.

———

VII

Parfois, je me sens pris d'horreur pour cette terre;
Mon vers semble la bouche ouverte d'un cratère;
    J'ai le farouche émoi
Que donne l'ouragan monstrueux au grand arbre;
Mon cœur prend feu; je sens tout ce que j'ai de marbre
    Devenir lave en moi;

Quoi! rien de vrai! le scribe a pour appui le reître;
Toutes les robes, juge et vierge, femme et prêtre,
    Mentent ou mentiront;
Le dogme boit du sang, l'autel bénit le crime;
Toutes les vérités, groupe triste et sublime,
    Ont la rougeur au front;

La sinistre lueur des rois est sur nos têtes;
Le temple est plein d'enfer; la clarté de nos fêtes
    Obscurcit le ciel bleu;
L'âme a le penchement d'un navire qui sombre;
Et les religions, à tâtons, ont dans l'ombre
    Pris le démon pour Dieu!

Oh! qui me donnera des paroles terribles?
Oh! je déchirerai ces chartes et ces bibles,
    Ces codes, ces korans!
Je pousserai le cri profond des catastrophes;
Et je vous saisirai, sophistes, dans mes strophes,
    Dans mes ongles, tyrans.

Ainsi frémissant, pâle, indigné, je bouillonne;
On ne sait quel essaim d'aigles noirs tourbillonne
    Dans mon ciel embrasé;
Deuil! guerre! une euménide en mon âme est éclose!
Quoi! le mal est partout! Je regarde une rose
    Et je suis apaisé.

———

VIII

LÆTITIA RERUM

Tout est pris d'un frisson subit.
L'hiver s'enfuit et se dérobe.
L'année ôte son vieil habit;
La terre met sa belle robe.

Tout est nouveau, tout est debout;
L'adolescence est dans les plaines;
La beauté du diable, partout,
Rayonne et se mire aux fontaines,

L'arbre est coquet; parmi les fleurs
C'est à qui sera la plus belle;
Toutes étalent leurs couleurs,
Et les plus laides ont du zèle.

Le bouquet jaillit du rocher;
L'air baise les feuilles légères;
Juin rit de voir s'endimancher
Le petit peuple des fougères.

C'est une fête en vérité,
Fête où vient le chardon, ce rustre;
Dans le grand palais de l'été
Les astres allument le lustre.

On fait les foins. Bientôt les blés.
Le faucheur dort sous la cépée;
Et tous les souffles sont mêlés
D'une senteur d'herbe coupée.

Qui chante là? Le rossignol.
Les chrysalides sont parties.
Le ver de terre a pris son vol
Et jeté le froc aux orties;

L'aragne sur l'eau fait des ronds;
O ciel bleu! l'ombre est sous la treille,
Le jour tremble, et les moucherons
Viennent vous parler à l'oreille;

On voit rôder l'abeille à jeun,
La guêpe court, le frelon guette;
A tous ces buveurs de parfum
Le printemps ouvre sa guinguette.

Le bourdon, aux excès enclin,
Entre en chiffonnant sa chemise;
Un œillet est un verre plein,
Un lys est une nappe mise.

La mouche boit le vermillon
Et l'or dans les fleurs demi-closes,
Et l'ivrogne est le papillon,
Et les cabarets sont les roses.

De joie et d'extase on s'emplit;
L'ivresse, c'est la délivrance.
Sur aucune fleur on ne lit :
Société de tempérance.

Le faste providentiel
Partout brille, éclate et s'épanche,

Et l'unique livre, le ciel,
Est par l'aube doré sur tranche.

Enfants, dans vos yeux éclatants
Je crois voir l'empyrée éclore;
Vous riez comme le printemps
Et vous pleurez comme l'aurore.

————

IX

Je prendrai par la main les deux petits enfants;
J'aime les bois où sont les chevreuils et les faons,
Où les cerfs tachetés suivent les biches blanches
Et se dressent dans l'ombre effrayés par les branches;
Car les fauves sont pleins d'une telle vapeur
Que le frais tremblement des feuilles leur fait peur.
Les arbres ont cela de profond qu'ils vous montrent
Que l'éden seul est vrai, que les cœurs s'y rencontrent,
Et que, hors les amours et les nids, tout est vain.
Théocrite souvent dans le hallier divin
Crut entendre marcher doucement la ménade.
C'est là que je ferai ma lente promenade
Avec les deux marmots. J'entendrai tour à tour
Ce que Georges conseille à Jeanne, doux amour,
Et ce que Jeanne enseigne à George. En patriarche
Que mènent les enfants, je réglerai ma marche
Sur le temps que prendront leurs jeux et leurs repas,
Et sur la petitesse aimable de leurs pas.
Ils cueilleront les fleurs, ils mangeront les mûres.
O vaste apaisement des forêts! ô murmures!
Avril vient calmer tout, venant tout embaumer.
Je n'ai point d'autre affaire ici-bas que d'aimer.

————

X

PRINTEMPS

Tout rayonne, tout luit, tout aime, tout est doux;
Les oiseaux semblent d'air et de lumière fous;
L'âme dans l'infini croit voir un grand sourire.
A quoi bon exiler, rois? à quoi bon proscrire?
Proscrivez-vous l'été? m'exilez-vous des fleurs?
Pouvez-vous empêcher les souffles, les chaleurs,
Les clartés, d'être là, sans joug, sans fin, sans nombre,
Et de me faire fête, à moi banni, dans l'ombre?
Pouvez-vous m'amoindrir les grands flots haletants,
L'océan, la joyeuse écume, le printemps
Jetant les parfums comme un prodigue en démence,
Et m'ôter un rayon de ce soleil immense?
Non. Et je vous pardonne. Allez, trônez, vivez,
Et tâchez d'être rois longtemps, si vous pouvez.
Moi, pendant ce temps-là, je maraude, et je cueille,
Comme vous un empire, un brin de chèvrefeuille,

Et je l'emporte, ayant pour conquête une fleur.
Quand, au-dessus de moi, dans l'arbre, un querelleur,
Un mâle, cherche noise à sa douce femelle,
Ce n'est pas mon affaire et pourtant je m'en mêle,
Je dis : Paix là, messieurs les oiseaux, dans les bois !
Je les réconcilie avec ma grosse voix;
Un peu de peur qu'on fait aux amants les rapproche.
Je n'ai point de ruisseau, de torrent, ni de roche;
Mon gazon est étroit, et, tout près de la mer,
Mon bassin n'est pas grand, mais il n'est pas amer.
Ce coin de terre est humble et me plaît; car l'espace
Est sur ma tête, et l'astre y brille, et l'aigle y passe,
Et le vaste Borée y plane éperdument.
Ce parterre modeste et ce haut firmament
Sont à moi : ces bouquets, ces feuillages, cette herbe
M'aiment, et je sens croître en moi l'oubli superbe.
Je voudrais bien savoir comment je m'y prendrais
Pour me souvenir, moi l'hôte de ces forêts,
Qu'il est quelqu'un, là-bas, au loin, sur cette terre,
Qui s'amuse à proscrire, et règne, et fait la guerre,
Puisque je suis là seul devant l'immensité,
Et puisqu'ayant sur moi le profond ciel d'été
Où le vent souffle avec la douceur d'une lyre,
J'entends dans le jardin les petits enfants rire.

XI

FENÊTRES OUVERTES

LE MATIN — EN DORMANT

J'entends des voix. Lueurs à travers ma paupière.
Une cloche est en branle à l'église Saint-Pierre.
Cris des baigneurs. Plus près! plus loin! non, par ici!
Non, par là! Les oiseaux gazouillent, Jeanne aussi.
Georges l'appelle. Chant des coqs. Une truelle
Racle un toit. Des chevaux passent dans la ruelle.
Grincement d'une faulx qui coupe le gazon.
Chocs. Rumeurs. Des couvreurs marchent sur la maison.
Bruits du port. Sifflement des machines chauffées.
Musique militaire arrivant par bouffées.
Brouhaha sur le quai. Voix françaises. Merci.
Bonjour. Adieu. Sans doute il est tard, car voici
Que vient tout près de moi chanter mon rouge-gorge.
Vacarme de marteaux lointains dans une forge.
L'eau clapote. On entend haleter un steamer.
Une mouche entre. Souffle immense de la mer.

XII

UN MANQUE

Pourquoi donc s'en est-il allé, le doux amour?
Ils viennent un moment nous faire un peu de jour,

Puis partent. Ces enfants, que nous croyons les nôtres,
Sont à quelqu'un qui n'est pas nous. Mais les deux autres,
Tu ne les vois donc pas, vieillard? Oui, je les vois,
Tous les deux. Ils sont deux, ils pourraient être trois.
Voici l'heure d'aller se promener dans l'ombre
Des grands bois, pleins d'oiseaux dont Dieu seul sait le nombre
Et qui s'envoleront aussi dans l'inconnu.
Il a son chapeau blanc, elle montre un pied nu,
Tous deux sont côte à côte; on marche à l'aventure,
Et le ciel brille, et moi je pousse la voiture.
Toute la plaine en fleur à l'air d'un paradis;
Le lézard court au pied des vieux saules, tandis
Qu'au bout des branches vient chanter le rouge-gorge.
Mademoiselle Jeanne a quinze mois, et George
En a trente; il la garde; il est l'homme complet;
Des filles comme ça font son bonheur; il est
Dans l'admiration de ses jolis doigts roses,
Leur compare, en disant toutes sortes de choses.
Ses grosses mains à lui qui vont avoir trois ans,
Et rit; il montre Jeanne en route aux paysans.
Ah dame! il marche, lui; cette mioche se traîne;
Et Jeanne rit de voir Georges rire; une reine
Sur un trône, c'est là Jeanne dans son panier;
Elle est belle; et le chêne en parle au marronnier,
Et l'orme la salue et la montre à l'érable,
Tant sous le ciel profond l'enfance est vénérable.
George a le sentiment de sa grandeur; il rit
Mais il protége, et Jeanne a foi dans son esprit;
Georges surveille avec un air assez farouche
Cet enfant qui parfois met un doigt dans sa bouche;
Les sentiers sont confus et nous nous embrouillons.
Comme tout le bois sombre est plein de papillons,
Courons, dit George. Il veut descendre. Jeanne est gaie.
Avec eux je chancelle, avec eux je bégaie.
Oh! l'adorable joie, et comme ils sont charmants!
Quel hymne auguste au fond de leurs gazouillements!
Jeanne voudrait avoir tous les oiseaux qui passent;
Georges vide un pantin dont les ressorts se cassent;
Et médite; et tous deux jasent; leurs cris joyeux
Semblent faire partout dans l'ombre ouvrir des yeux;
Georges, tout en mangeant des nèfles et des pommes,
M'apporte son jouet; moi qui connais les hommes
Mieux que George, et qui sais les secrets du destin,
Je raccommode avec un fil son vieux pantin.
Mon Georges, ne va pas dans l'herbe; elle est trempée.
Et le vent berce l'arbre, et Jeanne sa poupée.
On sent Dieu dans ce bois pensif dont la douceur
Se mêle à la gaîté du frère et de la sœur;
Nous obéissons, Jeanne et moi, Georges commande,
La nourrice leur chante une chanson normande,
De celles qu'on entend le soir sur les chemins,
Et Georges bat du pied, et Jeanne bat des mains,
Et je m'épanouis à leurs divins vacarmes,
Je ris; mais vous voyez sous mon rire mes larmes,
Vieux arbres, n'est-ce pas? et vous n'avez pas cru
Que j'oublierai jamais le petit disparu.

II

JEANNE ENDORMIE

LA SIESTE

Elle fait au milieu du jour son petit somme;
Car l'enfant a besoin du rêve plus que l'homme,
Cette terre est si laide alors qu'on vient du ciel!
L'enfant cherche à revoir Chérubin, Ariel,
Ses camarades, Puck, Titania, les fées,
Et ses mains quand il dort sont par Dieu réchauffées.
Oh! comme nous serions surpris si nous voyions,
Au fond de ce sommeil sacré, plein de rayons,
Ces paradis ouverts dans l'ombre, et ces passages
D'étoiles qui font signe aux enfants d'être sages,
Ces apparitions, ces éblouissements!
Donc à l'heure où les feux du soleil sont calmants,
Quand toute la nature écoute et se recueille,
Vers midi, quand les nids se taisent, quand la feuille
La plus tremblante oublie un instant de frémir,
Jeanne a cette habitude aimable de dormir;
Et la mère un moment respire et se repose,
Car on se lasse, même à servir une rose.

Ses beaux petits pieds nus dont le pas est peu sûr
Dorment; et son berceau, qu'entoure un vague azur
Ainsi qu'une auréole entoure une immortelle,
Semble un nuage fait avec de la dentelle;
On croit, en la voyant dans ce frais berceau-là,
Voir une lueur rose au fond d'un falbala;
On la contemple, on rit, on sent fuir la tristesse,
Et c'est un astre, ayant de plus la petitesse;
L'ombre, amoureuse d'elle, a l'air de l'adorer;
Le vent retient son souffle et n'ose respirer.
Soudain, dans l'humble et chaste alcôve maternelle,
Versant tout le matin qu'elle a dans sa prunelle,
Elle ouvre la paupière, étend un bras charmant,
Agite un pied, puis l'autre, et, si divinement
Que des fronts dans l'azur se penchent pour l'entendre,
Elle gazouille... — Alors, de sa voix la plus tendre,
Couvant des yeux l'enfant que Dieu fait rayonner,
Cherchant le plus doux nom qu'elle puisse donner
A sa joie, à son ange en fleur, à sa chimère :
— Te voilà réveillée, horreur! lui dit sa mère.

III

LA LUNE

1

Jeanne songeait, sur l'herbe assise, grave et rose;
Je m'approchai : — Dis-moi si tu veux quelque chose,
Jeanne? — car j'obéis à ces charmants amours,
Je les guette, et je cherche à comprendre toujours
Tout ce qui peut passer par ces divines têtes.
Jeanne m'a répondu : — Je voudrais voir des bêtes.
Alors je lui montrai dans l'herbe une fourmi.
Vois! — Mais Jeanne ne fut contente qu'à demi.
— Non, les bêtes, c'est gros, me dit-elle.

                                    Leur rêve,
C'est le grand. L'océan les attire à sa grève,
Les berçant de son chant rauque, en les captivant
Par l'ombre, et par la fuite effrayante du vent;
Ils aiment l'épouvante; il leur faut le prodige.
— Je n'ai pas d'éléphant sous la main, répondis-je.

Veux-tu quelque autre chose? ô Jeanne, on te le doit!
Parle. — Alors Jeanne au ciel leva son petit doigt.
— Ça, dit-elle. — C'était l'heure où le soir commence.
Je vis à l'horizon surgir la lune immense.

II

CHOSES DU SOIR

Le brouillard est froid, la bruyère est grise;
Les troupeaux de bœufs vont aux abreuvoirs;
La lune, sortant des nuages noirs,
Semble une clarté qui vient par surprise.

Je ne sais plus quand, je ne sais plus où,
Maître Yvon soufflait dans son biniou.

Le voyageur marche et la lande est brune ;
Une ombre est derrière, une ombre est devant ;
Blancheur au couchant, lueur au levant ;
Ici crépuscule, et là clair de lune.

Je ne sais plus quand, je ne sais plus où,
Maître Yvon soufflait dans son biniou.

La sorcière assise allonge sa lippe.
L'araignée accroche au toit son filet.
Le lutin reluit dans le feu follet
Comme un pistil d'or dans une tulipe.

Je ne sais plus quand, je ne sais plus où,
Maître Yvon soufflait dans son biniou.

On voit sur la mer des chasse-marées ;
Le naufrage guette un mât frissonnant ;
Le vent dit : Demain ! l'eau dit : Maintenant !
Les voix qu'on entend sont désespérées.

Je ne sais plus quand, je ne sais plus où,
Maître Yvon soufflait dans son biniou.

Le coche qui va d'Avranche à Fougère
Fait claquer son fouet comme un vif éclair,
Voici le moment où flottent dans l'air
Tous ces bruits confus que l'ombre exagère.

Je ne sais plus quand, je ne sais plus où,
Maître Yvon soufflait dans son biniou.

Dans les bois profonds brillent des flambées ;
Un vieux cimetière est sur un sommet ;
Où Dieu trouve-t-il tout ce noir qu'il met
Dans les cœurs brisés et les nuits tombées ?

Je ne sais plus quand, je ne sais plus où,
Maître Yvon soufflait dans son biniou.

Des flaques d'argent tremblent sur les sables ;
L'orfraie est au bord des talus crayeux ;
Le pâtre, à travers le vent, suit des yeux
Le vol monstrueux et vague des diables.

Je ne sais plus quand, je ne sais plus où,
Maître Yvon soufflait dans son biniou.

Un panache gris sort des cheminées ;
Le bûcheron passe avec son fardeau ;
On entend, parmi le bruit des cours d'eau,
Des frémissements de branches traînées.

Je ne sais plus quand, je ne sais plus où,
Maître Yvon soufflait dans son biniou.

POÉSIE. — XII.

La faim fait rêver les grands loups moroses,
La rivière court, le nuage fuit ;
Derrière la vitre où la lampe luit,
Les petits enfants ont des têtes roses.

Je ne sais plus quand, je ne sais plus où,
Maître Yvon soufflait dans son biniou.

III

Ah ! vous voulez la lune ? Où ? dans le fond du puits ?
Non ; dans le ciel. Eh bien, essayons. Je ne puis.
Et c'est ainsi toujours. Chers petits, il vous passe
Par l'esprit de vouloir la lune, et dans l'espace
J'étends mes mains, tâchant de prendre au vol Phœbé.
L'adorable hasard d'être aïeul est tombé
Sur ma tête, et m'a fait une douce fêlure.
Je sens en vous voyant que le sort put m'exclure
Du bonheur, sans m'avoir tout à fait abattu.
Mais causons. Voyez-vous, vois-tu, Georges, vois-tu,
Jeanne ? Dieu nous connaît, et sait ce qu'ose faire
Un aïeul, car il est lui-même un peu grand-père ;
Le bon Dieu, qui toujours contre nous se défend,
Craint ceci : le vieillard qui veut plaire à l'enfant ;
Il sait que c'est ma loi qui sort de votre bouche,
Et que j'obéirais ; il ne veut pas qu'on touche
Aux étoiles, et c'est pour en être bien sûr
Qu'il les accroche aux clous les plus hauts de l'azur.

IV

— Oh ! comme ils sont goulus ! dit la mère parfois,
Il faut leur donner tout, les cerises des bois,
Les pommes du verger, les gâteaux de la table ;
S'ils entendent la voix des vaches dans l'étable,
Du lait ! vite ! et leurs cris sont comme une forêt
De Bondy quand un sac de bonbons apparaît.
Les voilà maintenant qui réclament la lune !

Pourquoi pas ? Le néant des géants m'importune,
Moi j'admire, ébloui, la grandeur des petits.
Ah ! l'âme des enfants a de forts appétits,
Certe, et je suis pensif devant cette gourmande
Qui voit un univers dans l'ombre, et le demande.
La lune ! Pourquoi pas ? vous dis-je. Eh bien, après ?
Pardieu ! si je l'avais, je la leur donnerais.

C'est vrai, sans trop savoir ce qu'ils en pourraient faire,
Oui, je leur donnerais, lune, ta sombre sphère,
Ton ciel, d'où Swedenborg n'est jamais revenu,
Ton énigme, ton puits sans fond, ton inconnu !
Oui, je leur donnerais, en disant : Soyez sages !
Ton masque obscur qui fait le guet dans les nuages,

Tes cratères tordus par de noirs aquilons,
Tes solitudes d'ombre et d'oubli, tes vallons,
Peut-être heureux, peut-être affreux, édens ou bagnes,
Lune, et la vision de tes pâles montagnes.
Oui, je crois qu'après tout, des enfants à genoux
Sauraient mieux se servir de la lune que nous ;
Ils y mettraient leurs vœux, leur espoir, leur prière ;
Ils laisseraient mener par cette aventurière
Leurs petits cœurs pensifs vers le grand Dieu profond.
La nuit, quand l'enfant dort, quand ses rêves s'en vont,
Certes, ils vont plus loin et plus haut que les nôtres.
Je crois aux enfants comme on croyait aux apôtres ;
Et quand je vois ces chers petits êtres sans fiel
Et sans peur, désirer quelque chose du ciel,
Je le leur donnerais, si je l'avais. La sphère.
Que l'enfant veut, doit être à lui, s'il la préfère.

D'ailleurs n'avez-vous rien au delà de vos droits ?
Oh ! je voudrais bien voir, par exemple, les rois
S'étonner que des nains puissent avoir un monde !
Oui, je vous donnerais, anges à tête blonde,
Si je pouvais, à vous qui régnez par l'amour,
Ces univers baignés d'un mystérieux jour,
Conduits par des esprits que l'ombre a pour ministres,
Et l'énorme rondeur des planètes sinistres.
Pourquoi pas ? Je me fie à vous, car je vous vois,
Et jamais vous n'avez fait de mal. Oui, parfois,
En songeant à quel point c'est grand, l'âme innocente,
Quand ma pensée au fond de l'infini s'absente,
Je me dis, dans l'extase et dans l'effroi sacré,
Que peut-être, là-haut, il est, dans l'Ignoré,
Un dieu supérieur aux dieux que nous rêvâmes,
Capable de donner des astres à des âmes.

IV

LE POËME

DU

JARDIN DES PLANTES

I

Le comte de Buffon fut bonhomme, il créa
Ce jardin imité d'Évandre et de Rhéa
Et plein d'ours plus savants que ceux de la Sorbonne,
Afin que Jeanne y puisse aller avec sa bonne ;
Buffon avait prévu Jeanne, et je lui sais gré
De s'être dit qu'un jour Paris un peu tigré,
Complétant ses bourgeois par une variante,
La bête, enchanterait cette âme souriante ;
Les enfants ont des yeux si profonds, que parfois
Ils cherchent vaguement la vision des bois ;
Et Buffon paternel, c'est ainsi qu'il rachète
Sa phrase sur laquelle a traîné sa manchette,
Pour les marmots, de qui les anges sont jaloux,
A fait ce paradis suave, orné de loups.

J'approuve ce Buffon. Les enfants, purs visages,
Regardent l'invisible, et songent, et les sages
Tâchent toujours de plaire à quelqu'un de rêveur.

L'été dans ce jardin montre de la ferveur ;
C'est un éden où juin rayonne, où les fleurs luisent,

Où l'ours bougonne, et Jeanne et Georges m'y conduisent.
C'est du vaste univers un raccourci complet.
Je vais dans ce jardin parce que cela plaît
A Jeanne, et que je suis contre elle sans défense.
J'y vais étudier deux gouffres, Dieu, l'enfance,
Le tremblant nouveau-né, le créateur flagrant,
L'infiniment charmant et l'infiniment grand,
La même chose au fond ; car c'est la même flamme
Qui sort de l'astre immense et de la petite âme.

Je contemple au milieu des arbres de Buffon,
Le bison trop bourru, le babouin trop bouffon,
Des bosses, des laideurs, des formes peu choisies,
Et j'apprends à passer à Dieu ses fantaisies.
Dieu, n'en déplaise au prêtre, au bonze, au caloyer,
Est capable de tout, lui qui fait balayer
Le bon goût, ce ruisseau, par Nisard, ce concierge,
Livre au singe excessif la forêt, cette vierge,
Et permet à Dupin de ressembler aux chiens.
(Pauvres chiens !) — Selon l'Inde et les manichéens,
Dieu doublé du démon expliquerait l'énigme ;
Le paradis ayant l'enfer pour borborygme,
La Providence un peu servante d'Anankè,
L'infini mal rempli par l'univers manqué,

Le mal faisant toujours au bien quelque rature,
Telle serait la loi de l'aveugle nature;
De là les contre-sens de la création.
Dieu, certe, a des écarts d'imagination;
Il ne sait pas garder la mesure; il abuse
De son esprit jusqu'à faire l'oie et la buse;
Il ignore, auteur fauve et sans frein ni cordeau,
Ce point juste où Laharpe arrête Colardeau;
Il se croit tout permis. Malheur à qui l'imite!
Il n'a pas de frontière, il n'a pas de limite;
Et fait pousser l'ivraie au beau milieu du blé,
Sous prétexte qu'il est l'immense et l'étoilé;
Il a d'affreux vautours qui nous tombent des nues;
Il nous impose un tas d'inventions cornues,
Le bouc, l'auroch, l'isard et le colimaçon;
Il blesse le bon sens, il choque la raison;
Il nous raille; il nous fait avaler la couleuvre!
Au moment où, contents, examinant son œuvre,
Rendant pleine justice à tant de qualités,
Nous admirons l'œil d'or des tigres tachetés,
Le cygne, l'antilope à la prunelle bleue,
La constellation qu'un paon a dans sa queue,
D'une cage insensée il tire le verrou
Et voilà qu'il nous jette au nez le kangourou!
Dieu défait et refait, ride, éborgne, essorille,
Exagère le nègre, hélas, jusqu'au gorille,
Fait des taupes et fait des lynx, se contredit,
Mêle dans les halliers l'histrion au bandit,
Le mandrille au jaguar, le perroquet à l'aigle,
Lie à la parodie insolente et sans règle
L'épopée, et les laisse errer toutes les deux
Sous l'âpre clair-obscur des branchages hideux;
Si bien qu'on ne sait plus s'il faut trembler ou rire,
Et qu'on croit voir rôder, dans l'ombre que déchire
Tantôt le rayon d'or, tantôt l'éclair d'acier,
Un spectre qui parfois avorte en grimacier.
Moi, je n'exige pas que Dieu toujours s'observe,
Il faut bien tolérer quelques excès de verve
Chez un si grand poëte et ne point se fâcher
Si celui qui nuance une fleur de pêcher
Et courbe l'arc-en-ciel sur l'océan qu'il dompte,
Après un colibri nous donne un mastodonte!
C'est son humeur à lui d'être de mauvais goût,
D'ajouter l'hydre au gouffre et le ver à l'égout,
D'avoir en toute chose une stature étrange,
Et d'être un Rabelais d'où sort un Michel-Ange.
C'est Dieu; moi je l'accepte.

                    Et quant aux nouveau-nés,
De même. Les enfants ne nous sont pas donnés
Pour avoir en naissant les façons du grand monde;
Les petits en maillot, chez qui la séve abonde,
Poussent l'impolitesse assez loin quelquefois;
J'en conviens. Et parmi les cris, les pas, les voix,
Les ours et leurs cornacs, les marmots et leurs mères,
Dans ces réalités semblables aux chimères,
Ébahi par le monstre et le mioche, assourdi

Comme par la rumeur d'une ruche à midi,
Sentant qu'à force d'être aïeul on est apôtre,
Questionné par l'un, escaladé par l'autre,
Pardonnant aux bambins le bruit, la fiente aux nids,
Et le rugissement aux bêtes, je finis
Par ne plus être, au fond du grand jardin sonore,
Qu'un bonhomme attendri par l'enfance et l'aurore,
Aimant ce double feu, s'y plaisant, s'y chauffant,
Et pas moins indulgent pour Dieu que pour l'enfant.

————

II

Les bêtes, cela parle; et Dupont de Nemours
Les comprend, chants et cris, gaîté, colère, amours.
C'est dans Perrault un fait, dans Homère un prodige;
Phèdre prend leur parole au vol et la rédige;
La Fontaine, dans l'herbe épaisse et le genêt,
Rôdait, guettant, rêvant, et les espionnait;
Ésope, ce songeur bossu comme le Pinde,
Les entendait en Grèce, et Pilpaï dans l'Inde;
Les clairs étangs le soir offraient leurs noirs jargons
A monsieur Florian, officier de dragons;
Et l'âpre Ézéchiel, l'affreux prophète chauve,
Homme fauve, écoutait parler la bête fauve.
Les animaux naïfs dialoguent entr'eux.
Et toujours, que ce soit le hibou ténébreux,
L'ours qu'on entend gronder, l'âne qu'on entend braire,
Ou l'oie apostrophant le dindon, son grand frère,
Ou la guêpe insultant l'abeille sur l'Hybla,
Leur bêtise à l'esprit de l'homme ressembla.

————

III

CE QUE DIT LE PUBLIC

CINQ ANS.

Les lions, c'est des loups.

SIX ANS.

                    C'est très méchant, les bêtes!

CINQ ANS.

Oui.

SIX ANS.

    Les petits oiseaux, ce sont des malhonnêtes;
Ils sont des sales.

CINQ ANS.

    Oui.

SIX ANS, regardant des serpents.

    Les serpents...

CINQ ANS, les examinant.

                    C'est en peau.

SIX ANS.

Prends garde au singe ; il va te prendre ton chapeau !

CINQ ANS, regardant le tigre.

Encore un loup !

SIX ANS.

Viens voir l'ours avant qu'on le couche.

CINQ ANS, regardant l'ours.

Joli !

SIX ANS.

Ça grimpe.

CINQ ANS, regardant l'éléphant.

Il a des cornes dans la bouche.

SIX ANS.

Moi, j'aime l'éléphant, c'est gros.

SEPT ANS, survenant et les arrachant
à la contemplation de l'éléphant.

Allons ! venez !
Vous voyez bien qu'il va vous battre avec son nez.

———

IV

A GEORGES

Mon doux Georges, viens voir une ménagerie
Quelconque, chez Buffon, au cirque, n'importe où ;
Sans sortir de Lutèce allons en Assyrie,
Et sans quitter Paris partons pour Tombouctou.

Viens voir les léopards de Tyr, les gypaètes,
L'ours grondant, le boa formidable sans bruit,
Le zèbre, le chacal, l'once, et ces deux poëtes,
L'aigle ivre de soleil, le vautour plein de nuit.

Viens contempler le lynx sagace, l'amphisbène
A qui Job comparait son faux ami Sepher,
Et l'obscur tigre noir, dont le masque d'ébène
A deux trous flamboyants par où l'on voit l'enfer.

Voir de près l'oiseau fauve et le frisson des ailes,
C'est charmant ; nous aurons, sous de très-sûrs abris,
Le spectacle des loups, des jaguars, des gazelles,
Et l'éblouissement divin des colibris.

Sortons du bruit humain. Viens au jardin des plantes.
Penchons-nous, à travers l'ombre où nous étouffons,
Sur les douleurs d'en bas, vaguement appelantes,
Et sur les pas confus des inconnus profonds.

L'animal, c'est de l'ombre errant dans les ténèbres ;
On ne sait s'il écoute, on ne sait s'il entend ;
Il a des cris hagards, il a des yeux funèbres ;
Une affirmation sublime en sort pourtant.

Nous qui régnons, combien de choses inutiles
Nous disons, sans savoir le mal que nous faisons !
Quand la vérité vient, nous lui sommes hostiles,
Et contre la raison nous avons des raisons.

Corbière à la tribune et Frayssinous en chaire
Sont fort inférieurs à la bête des bois ;
L'âme dans la forêt songe et se laisse faire ;
Je doute dans un temple, et sur un mont je crois.

Dieu par les voix de l'ombre obscurément se nomme
Nul Quirinal ne vaut le fauve Pélion ;
Il est bon, quand on vient d'entendre parler l'homme,
D'aller entendre un peu rugir le grand lion.

———

V

ENCORE DIEU

MAIS AVEC DES RESTRICTIONS

Quel beau lieu ! Là le cèdre avec l'orme chuchote,
L'âne est lyrique et semble avoir vu Don Quichote,
Le tigre en cage a l'air d'un roi dans son palais,
Les pachydermes sont effroyablement laids ;
Et puis c'est littéraire ; on rêve à des idylles
De Viennet en voyant bâiller les crocodiles.
Là, pendant qu'au babouin la singesse se vend,
Pendant que le baudet contemple le savant,
Et que le vautour fait au hibou bon visage,
Certes, c'est un emploi du temps digne d'un sage
De s'en aller songer dans cette ombre, parmi
Ces arbres pleins de nids, où tout semble endormi
Et veille, où le refus consent, où l'amour lutte,
Et d'écouter le vent, ce doux joueur de flûte.

Apprenons, laissons faire, aimons, les cieux sont grands :
Et devenons savants, et restons ignorants.
Soyons sous l'infini des auditeurs honnêtes ;
Rien n'est muet ni sourd ; voyons le plus de bêtes
Que nous pouvons ; tirons parti de leurs leçons.
Parce qu'autour de nous tout rêve, nous pensons.
L'ignorance est un peu semblable à la prière ;
L'homme est grand par devant et petit par derrière ;
C'est, d'Euclide à Newton, de Job à Réaumur,
Un indiscret qui veut voir par-dessus le mur,
Et la nature, au fond très-moqueuse, paraphe
Notre science avec le cou de la girafe.
Tâchez de voir, c'est bien. Épiez. Notre esprit
Pousse notre science à guetter ; Dieu sourit,
Vieux malin.

Je l'ai dit, Dieu prête à la critique.
Il n'est pas sobre. Il est débordant, frénétique,
Inconvenant ; ici le nain, là le géant,
Tout à la fois ; énorme il manque de néant.

LE POÉME DU JARDIN DES PLANTES

Il abuse du gouffre, il abuse du prisme.
Tout, c'est trop. Son soleil va jusqu'au gongorisme;
Lumière outrée. Oui, Dieu vraiment est inégal;
Ici la Sibérie et là le Sénégal;
Et partout l'antithèse! il faut qu'on s'y résigne;
S'il fait noir le corbeau, c'est qu'il fit blanc le cygne;
Aujourd'hui Dieu nous gèle, hier il nous chauffait.
Comme à l'académie on lui dirait son fait!
Que nous veut la comète? A quoi sert le bolide?
Quand on est un pédant sérieux et solide,
Plus on est ébloui, moins on est satisfait;
La férule à Batteux, le sabre à Galifet
Ne tolèrent pas Dieu sans quelque impatience;
Dieu trouble l'ordre; il met sur les dents la science;
A peine a-t-on fini qu'il faut recommencer;
Il semble que l'on sent dans la main vous glisser
On ne sait quel serpent tout écaillé d'aurore.
Dès que vous avez dit: Assez! il dit: Encore!

Ce démagogue donne au pauvre autant de fleurs
Qu'au riche; il ne sait pas se borner; ses couleurs,
Ses rayons, ses éclairs, c'est plus qu'on ne souhaite.
Ah! tout cela fait mal aux yeux! dit la chouette.
Et la chouette, c'est la sagesse.

                    Il est sûr
Que Dieu taille à son gré le monde en plein azur;
Il mêle l'ironie à son tonnerre épique;
Si l'on plane il foudroie, et si l'on broute il pique.
(Je ne m'étonne pas que Planche eût l'air piqué.)
Le vent, voix sans raison, sorte de bruit manqué,
Sans jamais s'expliquer et sans jamais conclure
Rabâche, et l'océan n'est pas exempt d'enflure.
Quant à moi, je serais, j'en fais ici l'aveu,
Curieux de savoir ce que diraient de Dieu,
Du monde qu'il régit, du ciel qu'il exagère,
De l'infini, sinistre et confuse étagère,
De tout ce que ce Dieu prodigue, des amas
D'étoiles de tout genre et de tous les formats,
De sa façon d'emplir d'astres le télescope,
Nonotte et Baculard dans le café Procope.

VI

A JEANNE

Je ne te cache pas que j'aime aussi les bêtes;
Cela t'amuse, et moi cela m'instruit; je sens
Que ce n'est pas pour rien qu'en ces farouches têtes
Dieu met le clair-obscur des grands bois frémissants.

Je suis le curieux qui, né pour croire et plaindre,
Sonde, en voyant l'aspic sous des roses rampant,
Les sombres lois qui font que la femme doit craindre
Le démon, quand la fleur n'a pas peur du serpent.

Pendant que nous donnons des ordres à la terre,
Rois copiant le singe et par lui copiés,
Doutant s'il est notre œuvre ou s'il est notre père,
Tout en bas, dans l'horreur fatale, sous nos pieds,

On ne sait quel noir monde étonné nous regarde
Et songe, et sous un joug, trop souvent odieux,
Nous courbons l'humble monstre et la brute hagarde
Qui, nous voyant démons, nous prennent pour des dieux.

Oh! que d'étranges lois! quel tragique mélange!
Voit-on le dernier fait, sait-on le dernier mot,
Quel spectre peut sortir de Vénus, et quel ange
Peut naître dans le ventre affreux de Béhémoth?

Transfiguration! mystère! gouffre et cime!
L'âme rejettera le corps, sombre haillon;
La créature abjecte un jour sera sublime,
L'être qu'on hait chenille on l'aime papillon.

VII

Tous les bas âges sont épars sous ces grands arbres.
Certes, l'alignement des vases et des marbres,
Ce parterre au cordeau, ce cèdre résigné,
Ce chêne que monsieur Despréaux eût signé,
Ces barreaux noirs croisés sur la fleur odorante,
Font honneur à Buffon qui fut l'un des Quarante
Et mêla, de façon à combler tous nos vœux,
Le peigne de Lenôtre aux effrayants cheveux
De Pan, dieu des halliers, des rochers et des plaines;
Cela n'empêche pas les roses d'être pleines
De parfums, de désirs, d'amour et de clarté;
Cela n'empêche pas l'été d'être l'été;
Cela n'ôte à la vie aucune confiance;
Cela n'empêche pas l'aurore en conscience
D'apparaître au zénith qui semble s'élargir,
Les enfants de jouer, les monstres de rugir.

Un bon effroi joyeux emplit ces douces têtes.
Écoutez-moi ces cris charmants. — Viens voir les bêtes!
Ils courent. Quelle extase! On s'arrête devant
Des cages où l'on voit des oiseaux bleus rêvant
Comme s'ils attendaient le mois où l'on émigre.
— Regarde ce gros chat. — Ce gros chat, c'est le tigre.
Les grands font aux petits vénérer les guenons,
Les pythons, les chacals, et nomment par leurs noms
Les vieux ours qui, dit-on, poussent l'humeur maligne
Jusqu'à manger parfois des soldats de la ligne.

Spectacle monstrueux! Les gueules, les regards
De dragon, lueur fauve au fond des bois hagards,
Les écailles, les dards, la griffe qui s'allonge,
Une apparition d'abîme, l'affreux songe
Réel que l'œil troublé des prophètes amers
Voit sous la transparence effroyable des mers

Et qui se traîne épars dans l'horreur inouïe,
L'énorme bâillement du gouffre qui s'ennuie,
Les mâchoires de l'hydre ouvertes tristement,
On ne sait quel chaos blême, obscur, inclément,
Un essai d'exister, une ébauche de vie
D'où sort le bégaiement furieux de l'envie,
C'est cela l'animal, et c'est ce que l'enfant
Regarde, admire et craint, vaguement triomphant;
C'est de la nuit qu'il vient contempler, lui l'aurore.
Ce noir fourmillement mugit, hurle, dévore;
On est un chérubin rose, frêle et tremblant;
On va voir celui-ci que l'hiver fait tout blanc,
Cet autre dont l'œil jette un éclair du tropique;
Tout cela gronde, hait, menace, siffle, pique,
Mord; mais par sa nourrice on se sent protéger;
Comme c'est amusant d'avoir peur sans danger!
Ce que l'homme contemple, il croit qu'il le découvre.
Voir un roi dans son antre, un tigre dans son Louvre,
Cela plaît à l'enfance. — Il est joliment laid!
Viens voir! — Étrange instinct! Grâce à qui l'horreur plaît!
On vient chercher surtout ceux qu'il faut qu'on évite.
— Par ici! — Non, par là! — Tiens, regarde! — Viens vite!
— Jette-leur ton gâteau. — Pas tout. — Jette toujours.
— Moi, j'aime bien les loups. — Moi, j'aime mieux les ours.
Et les fronts sont riants, et le soleil les dore,
Et ceux qui, nés d'hier, ne parlent pas encore,
Pendant ces brouhahas sous les branchages verts,
Sont là, mystérieux, les yeux tout grands ouverts,
Et méditent. .

          Afrique aux plis infranchissables,
O gouffre d'horizons sinistres, mer des sables,
Sahara, Dahomey, lac Nagaïn, Darfour,
Toi l'Amérique, et toi l'Inde, âpre carrefour
Où Zoroastre fait la rencontre d'Homère,
Paysages de lune où rôde la Chimère,
Où l'orang-outang marche un bâton à la main,
Où la nature est folle et n'a plus rien d'humain,
Jungles par les sommeils de la fièvre rêvées,
Plaines où brusquement on voit des arrivées
De fleuves tout à coup grossis et déchaînés,
Où l'on entend rugir les lions étonnés
Que l'eau montante enferme en des îles subites,
Déserts dont les gavials sont les noirs cénobites,
Où le boa, sans souffle et sans tressaillement,
Semble un tronc d'arbre à terre et dort affreusement,
Terre des baobabs, des bambous, des lianes,
Songez que nous avons des Georges et des Jeannes;
Créez des monstres; lacs, forêts, avec vos monts,
Vos noirceurs et vos bruits, composez des mammons;
Abîmes, condensez en eux toutes vos gloires,
Donnez-leur vos rochers pour dents et pour mâchoires,
Pour voix votre ouragan, pour regard votre horreur;
Donnez-leur des aspects de pape et d'empereur,
Et faites, par-dessus les halliers, leur étable
Et leur palais, bondir leur joie épouvantable.
Certes, le casoar est un bon sénateur,

L'oie a l'air d'un évêque et plaît par sa hauteur;
Dieu quand il fit le singe a rêvé Scaramouche,
Le colibri m'enchante et j'aime l'oiseau-mouche;
Mais ce que de ta verve, ô nature, j'attends,
Ce sont les Béhémoths et les Léviathans.
Ce nouveau-né qui sort de l'ombre et du mystère
Ne serait pas content de ne rien voir sur terre;
Un immense besoin d'étonnement, voilà
Toute l'enfance, et c'est en songeant à cela
Que j'applaudis, nature, aux géants que tu formes;
L'œil bleu des innocents veut des bêtes énormes;
Travaillez, lieux affreux! Soyez illimités
Et féconds, nous tenons à vos difformités
Autant qu'à vos parfums, autant qu'à vos dictames,
O déserts! attendu que les hippopotames,
Que les rhinocéros et que les éléphants
Sont évidemment faits pour les petits enfants.

                   ————

                   VIII

                    *

C'est une émotion étrange pour mon âme
De voir l'enfant, encor dans les bras de la femme,
Fleur ignorant l'hiver, ange ignorant Satan,
Secouant un hochet devant Léviathan,
Approcher doucement la nature terrible.
Les beaux séraphins bleus qui passent dans la bible,
Envolés d'on ne sait quel ciel mystérieux,
N'ont pas une plus pure aurore dans les yeux
Et n'ont pas sur le front une plus sainte flamme
Que l'enfant innocent riant au monstre infâme.
Ciel noir! Quel vaste cri que le rugissement!
Quand la bête, âme aveugle et visage écumant,
Lance au loin, n'importe où, dans l'étendue hostile,
Sa voix lugubre, ainsi qu'un sombre projectile,
C'est le gouffre affreux qui des forces sans clarté
Qui hurle; c'est l'obscène et sauvage Astarté,
C'est la nature abjecte et maudite qui gronde;
C'est Némée, et Stymphale, et l'Afrique profonde,
C'est le féroce Atlas, c'est l'Athos plus hanté
Par les foudres qu'un lac par les mouches d'été;
C'est l'Erne, Pélion, Ossa, c'est Érymanthe,
C'est Calydon funeste et noir, qui se lamente.

                    *

L'enfant regarde l'ombre où sont les lions roux.
La bête grince; à qui s'adresse ce courroux?
L'enfant jase; sait-on qui les enfants appellent?
Les deux voix, la tragique et la douce, se mêlent,
L'enfant est l'espérance et la bête est la faim;
Et tous deux sont l'attente; il gazouille sans fin
Et chante, et l'animal écume sans relâche;

Ils ont chacun en eux un mystère qui tâche
De dire ce qu'il sait et d'avoir ce qu'il veut ;
Leur langue est prise et cherche à dénouer le nœud.
Se parlent-ils ? Chacun fait son essai ; l'un triste,
L'autre charmant ; l'enfant joyeusement existe ;
Quoique devant lui l'Être effrayant soit debout.
Il a sa mère, il a sa nourrice, il a tout,
Il rit.

*

De quelle nuit sortent ces deux ébauches ?

L'une sort de l'azur ; l'autre de ces débauches,
De ces accouplements du nain et du géant,
De ce hideux baiser de l'abîme au néant
Qu'on nomme le chaos.

     Oui, cette cave immonde,
Dont le soupirail blême apparaît sous le monde,
Le chaos, ces chocs noirs, ces danses d'ouragans,
Les éléments gâtés et devenus brigands
Et changés en fléaux dans le cloaque immense,
Le rut universel épousant la démence,
La fécondation de Tout produisant Rien,
Cet engloutissement du vrai, du beau, du bien,
Qu'Orphée appelle Hadès, qu'Homère appelle Érèbe,
Et qui rend fixe l'œil fatal des sphinx de Thèbe,
C'est cela, c'est la folle et mauvaise action
Qu'en faisant le chaos fit la création,
C'est l'attaque de l'ombre au soleil vénérable,
C'est la convulsion du gouffre misérable
Essayant d'opposer l'informe à l'idéal,
C'est Tisiphone offrant son ventre à Bélial,
C'est cet ensemble obscur de forces échappées
Où les éclairs font rage et tirent leurs épées,
Où périrent Janus, l'âge d'or et Rhéa,
Qui, si nous en croyons les mages, procréa
L'animal ; et la bête affreuse fut rugie
Et vomie au milieu des nuits par cette orgie.
C'est de là que nous vient le monstre inquiétant.

L'enfant, lui, pur songeur rassurant et content,
Est l'autre énigme ; il sort de l'obscurité bleue.
Tous les petits oiseaux, mésange, hochequeue,
Fauvette, passereau, bavards aux fraîches voix,
Sont ses frères ; tandis que ces marmots des bois
Sentent pousser leur aile, il sent croître son âme.
Des azurs embaumés de myrthe et de cinname,
Des entrecroisements de fleurs et de rayons,
Ces éblouissements sacrés que nous voyons
Dans nos profonds sommeils quand nous sommes des justes,
Un pêle-mêle obscur de branchages augustes
Dont les anges au vol divin sont les oiseaux,
Une lueur pareille au clair reflet des eaux
Quand, le soir, dans l'étang les arbres se renversent,
Des lys vivants, un ciel qui rit, des chants qui bercent,

Voilà ce que l'enfant, rose, a derrière lui.
Il s'éveille ici-bas, vaguement ébloui ;
Il vient de voir l'éden et Dieu ; rien ne l'effraie ;
Il ne croit pas au mal ; ni le loup, ni l'orfraie,
Ni le tigre, démon taché, ni ce trompeur,
Le renard, ne le font trembler ; il n'a pas peur,
Il chante ; et quoi de plus touchant pour la pensée
Que cette confiance au paradis, poussée
Jusqu'à venir tout près sourire au sombre enfer !
Quel ange que l'enfant ! Tout, le mal, sombre mer,
Les hydres qu'en leurs flots roulent les vils avernes,
Les griffes, ces forêts, les gueules, ces cavernes,
Les cris, les hurlements, les râles, les abois,
Les rauques visions, la fauve horreur des bois,
Tout, Satan, et sa morne et féroce puissance,
S'évanouit au fond du bleu de l'innocence !
C'est beau. Voir Caliban et rester Ariel !
Avoir dans son humble âme un si merveilleux ciel
Que l'apparition indignée et sauvage
Des êtres de la nuit n'y fasse aucun ravage,
Et se sentir si plein de lumière et si doux
Que leur souffle n'éteigne aucune étoile en vous.

*

Et je rêve. Et je crois entendre un dialogue
Entre la tragédie effroyable et l'églogue ;
D'un côté l'épouvante, et de l'autre l'amour ;
Dans l'une ni dans l'autre il ne fait encor jour,
L'enfant semble vouloir expliquer quelque chose ;
La bête gronde, et, monstre incliné sur la rose,
Écoute... — Et qui pourrait comprendre, ô firmament,
Ce que le bégaiement dit au rugissement ?

Quel que soit le secret, tout se dresse et médite,
La fleur bénie ainsi que l'épine maudite ;
Tout devient attentif ; tout tressaille ; un frisson
Agite l'air, le flot, la branche, le buisson,
Et dans les clairs-obscurs et dans les crépuscules,
Dans cette ombre où jadis combattaient les Hercules,
Où les Bellérophons s'envolaient, où planait
L'immense Amos criant : Un nouveau monde naît !
On sent on ne sait quelle émotion sacrée,
Et c'est, pour la nature où l'éternel Dieu crée,
C'est pour tout le mystère un attendrissement
Comme si l'on voyait l'aube au rayon calmant
S'ébaucher par-dessus d'informes promontoires,
Quand l'âme blanche vient parler aux âmes noires.

IX

La face de la bête est terrible, on y sent
L'Ignoré, l'éternel problème, éblouissant
Et ténébreux, que l'homme appelle la Nature ;
On a devant soi l'ombre informe, l'aventure

Et le joug, l'esclavage et la rébellion,
Quand on voit le visage effrayant du lion;
Le monstre orageux, rauque, effréné, n'est pas libre,
O stupeur! et quel est cet étrange équilibre
Composé de splendeur et d'horreur, l'univers,
Où règne un Jehovah dont Satan est l'envers;
Où les astres, essaim lumineux et livide,
Semblent pris dans un bagne, et fuyant dans le vide,
Et jetés au hasard comme on jette les dés,
Et toujours à la chaîne et toujours évadés?
Quelle est cette merveille effroyable et divine
Où, dans l'éden qu'on voit, c'est l'enfer qu'on devine,
Où s'éclipse, ô terreur, espoirs évanouis,
L'infini des soleils sous l'infini des nuits,
Où, dans la brute, Dieu disparaît et s'efface?
Quand ils ont devant eux le monstre face à face,
Les mages, les songeurs vertigineux des bois,
Les prophètes blêmis à qui parlent des voix,
Sentent je ne sais quoi d'énorme dans la bête;
Pour eux l'amer rictus de cette obscure tête,
C'est l'abîme, inquiet d'être trop regardé,
C'est l'éternel secret qui veut être gardé
Et qui ne laisse pas entrer dans ses mystères
La curiosité des pâles solitaires;
Et ces hommes, à qui l'ombre fait des aveux,
Sentent qu'ici le sphinx s'irrite, et leurs cheveux
Se dressent, et leur sang dans leurs veines se fige
Devant le froncement de sourcil du prodige.

X

Toutes sortes d'enfants, blonds, lumineux, vermeils,
Dont le bleu paradis visite les sommeils
Quand leurs yeux sont fermés la nuit dans les alcôves,
Sont là, groupés devant la cage aux bêtes fauves;
Ils regardent.

        Ils ont sous les yeux l'élément,
Le gouffre, le serpent tordu comme un tourment,
L'affreux dragon, l'onagre inepte, la panthère,
Le chacal abhorré des spectres, qu'il déterre,
Le gorille, fantôme et tigre, et ces bandits,
Les loups, et les grands lynx qui tutoyaient jadis
Les prophètes sacrés accoudés sur des bibles;
Et, pendant que ce tas de prisonniers terribles
Gronde, l'un vil forçat, l'autre arrogant proscrit,
Que fait le groupe rose et charmant? Il sourit.

L'abîme est là qui gronde et les enfants sourient.

Ils admirent. Les voix épouvantables crient;
Tandis que cet essaim de fronts pleins de rayons,
Presque ailés, nous émeut comme si nous voyions
L'aube s'épanouir dans une géorgique,
Tandis que ces enfants chantent, un bruit tragique

Va, chargé de colère et de rébellions,
Du cachot des vautours au bagne des lions.

Et le sourire frais des enfants continue.

Devant cette douceur suprême, humble, ingénue,
Obstinée, on s'étonne, et l'esprit stupéfait
Songe, comme aux vieux temps d'Orphée et de Japhet,
Et l'on se sent glisser dans la spirale obscure
Du vertige, où tombaient Job, Thalès, Épicure,
Où l'on cherche à tâtons quelqu'un, ténébreux puits
Où l'âme dit : Réponds! où Dieu dit : Je ne puis!

Oh! si la conjecture antique était fondée,
Si le rêve inquiet des mages de Chaldée,
L'hypothèse qu'Hermès et Pythagore font,
Si ce songe farouche était le vrai profond!
La bête parmi nous, si c'était là Tantale!
Si la réalité redoutable et fatale
C'était ceci : les loups, les boas, les mammons,
Masques sombres, cachant d'invisibles démons!
Oh! ces êtres affreux dont l'ombre est le repaire,
Ces crânes aplatis de tigre et de vipère,
Ces vils fronts écrasés par le talon divin,
L'ours, rêveur noir, le singe, effroyable sylvain,
Ces rictus convulsifs, ces faces insensées,
Ces stupides instincts menaçant nos pensées,
Ceux-ci pleins de l'horreur nocturne des forêts,
Ceux-là, fuyants aspects, flottants, confus, secrets,
Sur qui la mer répand ses moires et ses nacres,
Ces larves, ces passants des bois, ces simulacres,
Ces vivants dans la tombe animale engloutis,
Ces fantômes ayant pour lois les appétits,
Ciel bleu! s'il était vrai que c'est là ce qu'on nomme
Les damnés, expiant d'anciens crimes chez l'homme,
Qui, sortis d'une vie antérieure, ayant
Dans les yeux   terreur d'un passé foudroyant,
Viennent, balbutiant d'épouvante et de haine,
Dire au milieu de nous les mots de la géhenne,
Et qui tâchent en vain d'exprimer leur tourment
A notre verbe avec le sourd rugissement;
Tas de forçats qui grince et gronde, aboie et beugle;
Muets hurlants qu'éclaire un flamboiement aveugle;
Oh! s'ils étaient là, nus sous le destin de fer,
Méditant vaguement sur l'éternel enfer;
Si ces mornes vaincus de la nature immense
Se croyaient à jamais bannis de la clémence,
S'ils voyaient les soleils s'éteindre par degrés,
Et s'ils n'étaient plus rien que des désespérés;
Oh! dans l'accablement sans fond, quand tout se brise,
Quand tout s'en va, refuse et fuit, quelle surprise,
Pour ces êtres méchants et tremblants à la fois,
D'entendre tout à coup venir ces jeunes voix!

Quelqu'un est là! Qui donc? On parle! ô noir problème!
Une blancheur paraît sur la muraille blême
Où chancelle l'obscure et morne vision.

Le léviathan voit accourir l'alcyon!
Quoi! le déluge voit arriver la colombe!
La clarté des berceaux filtre à travers la tombe
Et pénètre d'un jour clément les condamnés;
Les spectres ne sont point haïs des nouveau-nés!
Quoi! l'araignée immense ouvre ses sombres toiles!
Quel rayon qu'un regard d'enfant, saintes étoiles!
Mais puisqu'on peut entrer, on peut donc s'en aller!
Tout n'est donc pas fini! L'azur vient nous parler!
Le ciel est plus céleste en ces douces prunelles!
C'est quand Dieu pour venir des voûtes éternelles
Jusqu'à la terre, triste et funeste milieu,
Passe à travers l'enfant qu'il est tout à fait Dieu!
Quoi! le plafond difforme aurait une fenêtre!
On verrait l'impossible espérance renaître!
Quoi! l'on pourrait ne plus mordre, ne plus grincer!
Nous représentons-nous ce qui peut se passer
Dans les craintifs cerveaux des bêtes formidables?
De la lumière au bas des gouffres insondables!
Une intervention de visages divins!

La torsion du mal dans les brûlants ravins
De l'enfer misérable est soudain apaisée
Par d'innocents regards purs comme la rosée!
Quoi! l'on voit des yeux luire et l'on entend des pas!
Est-ce que nous savons s'ils ne se mettent pas,
Ces monstres, à songer sitôt la nuit venue,
S'appelant, stupéfaits de cette aube inconnue
Qui se lève sur l'âpre et sévère horizon!
Du pardon vénérable ils ont le saint frisson;
Il leur semble sentir que des chaînes les quittent;
Les échèvèlements des crinières méditent;
L'enfer, cette ruine, est moins trouble et moins noir;
Et l'œil presque attendri de ces captifs croit voir
Dans un pur demi-jour qu'un ciel lointain azure
Grandir l'ombre d'un temple au seuil de la masure.
Quoi! l'enfer finirait! l'ombre entendrait raison!
O clémence! ô lueur dans l'énorme prison!
On ne sait quelle attente émeut ces cœurs étranges.

Quelle promesse au fond du sourire des anges!

V

JEANNE ENDORMIE

I

Elle dort; ses beaux yeux se rouvriront demain;
Et mon doigt qu'elle tient dans l'ombre emplit sa main;
Moi, je lis, ayant soin que rien ne la réveille,
Des journaux pieux; tous m'insultent; l'un conseille
De mettre à Charenton quiconque lit mes vers;
L'autre voue au bûcher mes ouvrages pervers;
L'autre, dont une larme humecte les paupières,
Invite les passants à me jeter des pierres;
Mes écrits sont un tas lugubre et vénéneux
Où tous les noirs dragons du mal tordent leurs nœuds;
L'autre croit à l'enfer et m'en déclare apôtre;
L'un m'appelle Antechrist, l'autre Satan, et l'autre

Craindrait de me trouver le soir au coin d'un bois;
L'un me tend la ciguë, et l'autre me dit : Bois!
J'ai démoli le Louvre et tué les otages;
Je fais rêver au peuple on ne sait quels partages;
Paris en flamme envoie à mon front sa rougeur;
Je suis incendiaire, assassin, égorgeur,
Avare, et j'eusse été moins sombre et moins sinistre
Si l'empereur m'avait voulu faire ministre;
Je suis l'empoisonneur public, le meurtrier;
Ainsi viennent en foule autour de moi crier
Toutes ces voix jetant l'affront, sans fin, sans trêve;
Cependant l'enfant dort; et, comme si son rêve
Me disait : — Sois tranquille, ô père, et sois clément!
Je sens sa main presser la mienne doucement.

VI

GRAND AGE ET BAS AGE MÊLÉS

I

Mon âme est faite ainsi que jamais ni l'idée,
Ni l'homme, quels qu'ils soient, ne l'ont intimidée;
Toujours mon cœur, qui n'a ni bible ni koran,
Dédaigna le sophiste et brava le tyran;
Je suis sans épouvante étant sans convoitise;
La peur ne m'éteint pas et l'honneur seul m'attise;
J'ai l'ankylose altière et lourde du rocher;
Il est fort malaisé de me faire marcher
Par désir en avant ou par crainte en arrière;
Je résiste à la force et cède à la prière,
Mais les biens d'ici-bas font sur moi peu d'effet;
Et je déclare, amis, que je suis satisfait,
Que mon ambition suprême est assouvie,
Que je me reconnais payé dans cette vie,
Et que les dieux cléments ont comblé tous mes vœux,
Tant que sur cette terre, où vraiment je ne veux
Ni socle olympien, ni colonne trajane,
On ne m'ôtera pas le sourire de Jeanne.

II

CHANT SUR LE BERCEAU

Je veille. Ne crains rien. J'attends que tu t'endormes.
Les anges sur ton front viendront poser leurs bouches.
Je ne veux pas sur toi d'un rêve ayant des formes
                    Farouches;

Je veux qu'en te voyant là, ta main dans la mienne,
Le vent change son bruit d'orage en bruit de lyre,
Et que sur ton sommeil la sinistre nuit vienne
                    Sourire.

Le poëte est penché sur les berceaux qui tremblent.
Il leur parle, il leur dit tout bas de tendres choses,
Il est leur amoureux, et ses chansons ressemblent
                    Aux roses;

Il est plus pur qu'avril embaumant la pelouse
Et que mai dont l'oiseau vient piller la corbeille;
Sa voix est un frisson d'âme, à rendre jalouse
                    L'abeille;

Il adore ces nids de soie et de dentelles;
Son cœur a des gaîtés dans la fraîche demeure
Qui font rire aux éclats avec des douceurs telles
                    Qu'on pleure;

Il est le bon semeur des fraîches allégresses;
Il rit. Mais si les rois et leurs valets sans nombre
Viennent, s'il voit briller des prunelles tigresses
                    Dans l'ombre,

S'il voit du Vatican, de Berlin ou de Vienne
Sortir un guet-apens, une horde, une bible,
Il se dresse, il n'en faut pas plus pour qu'il devienne
                    Terrible.

S'il voit ce basilic, Rome, ou cette araignée,
Ignace, ou ce vautour, Bismarck, faire leur crime,
Il gronde, il sent monter dans sa strophe indignée
                    L'abîme.

C'est dit. Plus de chansons. L'avenir qu'il réclame,
Les peuples et leur droit, les rois et leur bravade,
Sont comme un tourbillon de tempête où cette âme
                    S'évade.

Il accourt. Reviens, France, à ta fierté première!
Délivrance! Et l'on voit cet homme qui se lève
Ayant Dieu dans le cœur et dans l'œil la lumière
                    Du glaive.

Et sa pensée, errante alors comme les proues
Dans l'onde et les drapeaux dans les noires mêlées,
Est un immense char d'aurore avec des roues
                    Ailées.

III

LA CICATRICE

Une croûte assez laide est sur la cicatrice.
Jeanne l'arrache, et saigne, et c'est là son caprice;
Elle arrive, montrant son doigt presque en lambeau.
— J'ai, me dit-elle, ôté la peau de mon bobo. —
Je la gronde, elle pleure, et, la voyant en larmes,
Je deviens plat. — Faisons la paix, je rends les armes,

Jeanne, à condition que tu me souriras. —
Alors la douce enfant s'est jetée en mes bras,
Et m'a dit, de son air indulgent et suprême :
— Je ne me ferai plus de mal, puisque je t'aime. —
Et nous voilà contents, en ce tendre abandon,
Elle de ma clémence et moi de son pardon.

IV

UNE TAPE

De la petite main sort une grosse tape.
— Grand-père, grondez-la ! Quoi ! c'est vous qu'elle frappe !
Vous semblez avec plus d'amour la regarder !
Grondez donc ! — L'aïeul dit : — Je ne puis plus gronder !
Que voulez-vous ? Je n'ai gardé que le sourire.
Quand on a vu Judas trahir, Néron proscrire,
Satan vaincre, et régner les fourbes ténébreux,
Et quand on a vidé son cœur profond sur eux ;
Quand on a dépensé la sinistre colère ;
Quand, devant les forfaits que l'église tolère,
Que la chaire salue et que le prêtre admet,
On a rugi, debout sur quelque âpre sommet ;
Quand sur l'invasion monstrueuse du parthe,
Quand sur les noirs serments vomis par Bonaparte,
Quand sur l'assassinat des lois et des vertus,
Sur Paris sans Barbès, sur Rome sans Brutus,
Sur le tyran qui flotte et sur l'état qui sombre,
Triste, on a fait planer l'immense strophe sombre ;
Quand on a remué le plafond du cachot ;
Lorsqu'on a fait sortir tout le bruit de là-haut,
Les imprécations, les éclairs, les huées,
De la caverne affreuse et sainte des nuées ;
Lorsqu'on a, dans des jours semblables à des nuits,
Roulé toutes les voix du gouffre, les ennuis,
Et les cris, et les pleurs pour la France trahie,
Et l'ombre, et Juvénal, augmenté d'Isaïe,
Et des écroulements d'ïambes furieux
Ainsi que des rochers de haine dans les cieux ;
Quand a châtié jusqu'aux morts dans leurs tombes ;
Lorsqu'on a puni l'aigle à cause des colombes,
Et souffleté Nemrod, César, Napoléon,
Qu'on a questionné même le Panthéon,
Et fait trembler parfois cette haute bâtisse ;
Quand on a fait sur terre et sous terre justice,
Et qu'on a nettoyé de miasmes l'horizon,
Dame ! on rentre un peu las, c'est vrai, dans sa maison ;
On ne se fâche pas des mouches familières ;
Les légers coups de bec qui sortent des volières,
Le doux rire moqueur des nids mélodieux,
Tous ces petits démons et tous ces petits dieux
Qu'on appelle marmots et bambins, vous enchantent ;
Même quand on les sent vous mordre, on croit qu'ils chantent.
Le pardon, quel repos ! Soyez Dante et Caton
Pour les puissants, mais non pour les petits. Va-t-on
Faire la grosse voix contre ce frais murmure ?

Va-t-on pour les moineaux endosser son armure ?
Bah ! contre de l'aurore est-ce qu'on se défend ?
Le tonnerre chez lui doit être bon enfant.

V

Ma Jeanne, dont je suis doucement insensé,
Étant femme, se sent reine ; tout l'A B C
Des femmes, c'est d'avoir des bras blancs, d'être belles,
De courber d'un regard les fronts les plus rebelles,
De savoir avec rien, des bouquets, des chiffons,
Un sourire, éblouir les cœurs les plus profonds,
D'être, à côté de l'homme ingrat, triste et morose,
Douces plus que l'azur, roses plus que la rose ;
Jeanne le sait ; elle a trois ans, c'est l'âge mûr ;
Rien ne lui manque ; elle est la fleur de mon vieux mur,
Ma contemplation, mon parfum, mon ivresse ;
Ma strophe, qui près d'elle a l'air d'une pauvresse,
L'implore, et reçoit d'elle un rayon ; et l'enfant
Sait déjà se parer d'un chapeau triomphant,
De beaux souliers vermeils, d'une robe étonnante ;
Elle a des mouvements de mouche frissonnante ;
Elle est femme, montrant ses rubans bleus ou verts,
Et sa fraîche toilette, et son âme au travers ;
Elle est de droit céleste et par devoir jolie ;
Et son commencement de règne est ma folie.

VI

Jeanne était au pain sec dans le cabinet noir,
Pour un crime quelconque, et, manquant au devoir,
J'allai voir la proscrite en pleine forfaiture,
Et lui glissai dans l'ombre un pot de confiture
Contraire aux lois. Tous ceux sur qui, dans ma cité,
Repose le salut de la société,
S'indignèrent, et Jeanne a dit d'une voix douce :
— Je ne toucherai plus mon nez avec mon pouce ;
Je ne me ferai plus griffer par le minet.
Mais on s'est écrié : — Cette enfant vous connaît ;
Elle sait à quel point vous êtes faible et lâche.
Elle vous voit toujours rire quand on se fâche.
Pas de gouvernement possible. A chaque instant
L'ordre est troublé par vous ; le pouvoir se détend ;
Plus de règle. L'enfant n'a plus rien qui l'arrête.
Vous démolissez tout. — Et j'ai baissé la tête,
Et j'ai dit : — Je n'ai rien à répondre à cela,
J'ai tort. Oui, c'est avec ces indulgences-là
Qu'on a toujours conduit les peuples à leur perte.
Qu'on me mette au pain sec. — Vous le méritez, certe,
On vous y mettra. — Jeanne alors, dans son coin noir,
M'a dit tout bas, levant ses yeux si beaux à voir,
Pleins de l'autorité des douces créatures :
— Eh bien, moi, je t'irai porter des confitures.

VII

CHANSON

POUR FAIRE DANSER EN ROND

LES PETITS ENFANTS

Grand bal sous le tamarin.
On danse et l'on tambourine.
Tout bas parlent, sans chagrin,
Mathurin à Mathurine,
Mathurine à Mathurin.

C'est le soir, quel joyeux train !
Chantons à pleine poitrine
Au bal plutôt qu'au lutrin.
Mathurin a Mathurine,
Mathurine a Mathurin.

Découpé comme au burin,
L'arbre, au bord de l'eau marine,
Est noir sous le ciel serein.
Mathurin a Mathurine,
Mathurine a Mathurin.

Dans le bois rôde Isengrin.
Le magister endoctrine
Un moineau pillant le grain.
Mathurin a Mathurine,
Mathurine a Mathurin.

Broutant l'herbe brin à brin,
Le lièvre a dans la narine
L'appétit du romarin.
Mathurin a Mathurine,
Mathurine a Mathurin.

Sous l'ormeau le pèlerin
Demande à la pèlerine
Un baiser pour un quatrain.
Mathurin a Mathurine,
Mathurine a Mathurin.

Derrière un pli de terrain,
Nous entendons la clarine
Du cheval d'un voiturin.
Mathurin a Mathurine,
Mathurine a Mathurin.

VIII

LE POT CASSÉ

O ciel ! toute la Chine est par terre en morceaux !
Ce vase, pâle et doux comme un reflet des eaux,
Couvert d'oiseaux, de fleurs, de fruits, et des mensonges
De ce vague idéal qui sort du bleu des songes,
Ce vase unique, étrange, impossible, engourdi,
Gardant sur lui le clair de lune en plein midi,
Qui paraissait vivant, où luisait une flamme,
Qui semblait presque un monstre et semblait presque une âme,
Mariette, en faisant la chambre, l'a poussé
Du coude par mégarde, et le voilà brisé !
Beau vase ! Sa rondeur était de rêves pleine,
Des bœufs d'or y broutaient des prés de porcelaine.
Je l'aimais, je l'avais acheté sur les quais,
Et parfois aux marmots pensifs je l'expliquais.
Voici l'Yak ; voici le singe quadrumane ;
Ceci c'est un docteur peut-être, ou bien un âne ;
Il dit la messe, à moins qu'il ne dise hi-han ;
Ça c'est un mandarin qu'on nomme aussi kohan ;
Il faut qu'il soit savant, puisqu'il a ce gros ventre.
Attention, ceci, c'est le tigre en son antre,
Le hibou dans son trou, le roi dans son palais,
Le diable en son enfer ; voyez comme ils sont laids !
Les monstres, c'est charmant, et les enfants le sentent,
Les merveilles qui sont des bêtes les enchantent.
Donc je tenais beaucoup à ce vase. Il est mort.
J'arrivai furieux, terrible, et tout d'abord :
— Qui donc a fait cela ? criai-je. Sombre entrée !
Jeanne alors, remarquant Mariette effarée,
Et voyant ma colère et voyant son effroi,
M'a regardé d'un air d'ange, et m'a dit : — C'est moi.

IX

Et Jeanne à Mariette a dit : — Je savais bien
Qu'en répondant c'est moi, papa ne dirait rien.
Je n'ai pas peur de lui puisqu'il est mon grand-père.
Vois-tu, papa n'a pas le temps d'être en colère ;
Il n'est jamais beaucoup fâché, parce qu'il faut
Qu'il regarde les fleurs, et quand il fait bien chaud
Il nous dit : N'allez pas au grand soleil nu-tête,
Et ne vous laissez pas piquer par une bête,
Courez, ne tirez pas le chien par son collier,
Prenez garde aux faux pas dans le grand escalier,
Et ne vous cognez pas contre les coins des marbres,
Jouez. Et puis après il s'en va dans les arbres.

X

Tout pardonner, c'est trop ; tout donner, c'est beaucoup !
Eh bien, je donne tout et je pardonne tout
Aux petits ; et votre œil sévère me contemple.
Toute cette clémence est de mauvais exemple.
Faire de l'amnistie en chambre est périlleux.
Absoudre des forfaits commis par des yeux bleus
Et par des doigts vermeils et purs, c'est effroyable.
Si cela devenait contagieux, que diable !

Il faut un peu songer à la société.
La férocité sied à la paternité;
Le sceptre doit avoir la trique pour compagne;
L'idéal, c'est un Louvre appuyé sur un bagne;
Le bien doit être fait par une main de fer.
Quoi! si vous étiez Dieu, vous n'auriez pas d'enfer?
Presque pas. Vous croyez que je serais bien aise
De voir mes enfants cuire au fond d'une fournaise?
Eh bien! non. Ma foi non! J'en fais mea-culpa;
Plutôt que Sabaoth je serais Grand-papa.
Plus de religion alors? Comme vous dites.
Plus de société? retour aux troglodytes,
Aux sauvages, aux gens vêtus de peaux de loups?
Non, retour au vrai Dieu, distinct du Dieu jaloux,
Retour à la sublime innocence première,
Retour à la raison, retour à la lumière!
Alors, vous êtes fou, grand-père. J'y consens.
Tenez, messieurs les forts et messieurs les puissants,
Défiez-vous de moi, je manque de vengeance.
Qui suis-je? Le premier venu, plein d'indulgence,
Préférant la jeune aube à l'hiver pluvieux,
Homme ayant fait des lois, mais repentant et vieux,
Qui blâme quelquefois, mais qui jamais ne damne,
Autorité foulée aux petits pieds de Jeanne,
Pas sûr de tout savoir, en doutant même un peu,
Toujours tenté d'offrir aux gens sans feu ni lieu
Un coin du toit, un coin du foyer, moins sévère
Aux péchés qu'on honnit qu'aux forfaits qu'on révère,
Capable d'avouer les êtres sans aveu.
Ah! ne m'élevez pas au grade de bon Dieu!
Voyez-vous, je ferais toutes sortes de choses
Bizarres; je rirais; j'aurais pitié des roses,
Des femmes, des vaincus, des faibles, des tremblants;
Mes rayons seraient doux comme des cheveux blancs;
J'aurais un arrosoir assez vaste pour faire
Naître des millions de fleurs dans toute sphère,
Partout, et pour éteindre au loin le triste enfer;
Lorsque je donnerais un ordre, il serait clair,

Je cacherais le cerf aux chiens flairant sa piste;
Qu'un tyran pût jamais se nommer mon copiste,
Je ne le voudrais pas; je dirais : Joie à tous!
Mes miracles seraient ceci : — Les hommes doux. —
Jamais de guerre. — Aucun fléau. — Pas de déluge.
— Un croyant dans le prêtre, un juste dans le juge.
Je serais bien coiffé des brouillards, — étant Dieu,
C'est convenable, — mais je me fâcherais peu,
Et je ne mettrais point de travers mon nuage
Pour un petit enfant qui ne serait pas sage;
Quand j'offrirais le ciel à vous, fils de Japhet,
On verrait que je sais comment le ciel est fait;
Je n'annoncerais point que les nocturnes toiles
Laisseraient pêle-mêle un jour choir les étoiles,
Parce que j'aurais peur, si je vous disais ça,
De voir Newton pousser le coude à Spinoza;
Je ferais à Veuillot le tour épouvantable
D'inviter Jésus-Christ et Voltaire à ma table,
Et de faire verser mon meilleur vin, hélas!
Par l'ami de Lazare à l'ami de Calas;
J'aurais dans mon éden, jardin à large porte,
Un doux water-closet mystérieux, de sorte
Qu'on puisse au paradis mettre le Syllabus;
Je dirais aux rois : Rois, vous êtes des abus,
Disparaissez. J'irais, clignant de la paupière,
Rendre aux pauvres leurs sous sans le dire à Saint-Pierre,
Et, sournois, je ferais des trous à son panier
Sous l'énorme tas d'or qu'il nomme son denier;
Je dirais à l'abbé Dupanloup : Moins de zèle!
Vous voulez à la Vierge ajouter la Pucelle!
C'est cumuler, monsieur l'évêque; apaisez-vous.
Un Jéhovah trouvant que le peuple à genoux
Ne vaut pas l'homme droit et debout, tête haute,
Ce serait moi. J'aurais un pardon pour la faute,
Mais je dirais : Tâchez de rester innocents.
Et je demanderais aux prêtres, non l'encens,
Mais la vertu. J'aurais de la raison. En somme,
Si j'étais le bon Dieu, je serais un bon homme.

<hr />

VII

L'IMMACULÉE CONCEPTION

Vierge sainte, conçue sans péché!
(*Prière chrétienne*)

L'enfant partout. Ceci se passe aux Tuileries.
Plusieurs Georges, plusieurs Jeannes, plusieurs Maries;
Un qui tète, un qui dort; dans l'arbre un rossignol;
Un grand déjà rêveur qui voudrait voir Guignol;
Une fille essayant ses dents dans une pomme;
Toute la matinée adorable de l'homme;
L'aube et polichinelle; on court, on jase, on rit;
On parle à sa poupée, elle a beaucoup d'esprit;

On mange des gâteaux et l'on saute à la corde.
On me demande un sou pour un pauvre; j'accorde
Un franc; merci, grand-père! et l'on retourne au jeu.
Et l'on grimpe, et l'on danse, et l'on chante. O ciel bleu!
C'est toi le cheval. Bien. Tu traînes la charrette.
Moi je suis le cocher. A gauche; à droite; arrête.
Jouons aux quatre coins. Non; à colin-maillard.
Leur clarté sur son banc réchauffe le vieillard.

Les bouches des petits sont de murmures pleines,
Ils sont vermeils, ils ont plus de fraîches haleines
Que n'en ont les rosiers de mai dans les ravins,
Et l'aurore frissonne en leurs cheveux divins.
Tout cela c'est charmant. — Tout cela, c'est horrible !
C'est le péché !

        Lisez nos missels, notre bible,
L'abbé Pluche, saint Paul, par Trublet annoté,
Veuillot, tout ce qui fait sur terre autorité.
Une conception seule est immaculée ;
Tous les berceaux sont noirs, hors la crèche étoilée ;
Ce grand lit de l'abîme, hyménée, est taché.
Où l'homme dit Amour ! le ciel répond Péché !
Tout est souillure, et qui le nie est un athée.
Toute femme est la honte, une seule exceptée.

Ainsi ce tas d'enfants est un tas de forfaits !
Oiseau qui fais ton nid, c'est le mal que tu fais.
Ainsi l'ombre sourit d'une façon maligne
Sur la douce couvée. Ainsi le bon Dieu cligne
Des yeux avec le diable et dit : Prends-moi cela !
Et c'est mon crime, ô ciel, l'innocent que voilà !
Ainsi ce tourbillon de lumière et de joie,
L'enfance, ainsi l'essaim d'âmes que nous envoie
L'amour mystérieux qu'avril épanouit,
Ces constellations d'anges dans notre nuit,

Ainsi la bouche rose, ainsi la tête blonde
Ainsi cette prunelle aussi claire que l'onde,
Ainsi ces petits pieds courant dans le gazon,
Cette cohue aimable emplissant l'horizon
Et dont le grand soleil qui rit semble être l'hôte,
C'est le fourmillement monstrueux de la faute !
Péché ! péché ! Le mal est dans les nouveau-nés !
Oh ! quel sinistre affront ! Prêtres infortunés !

Au milieu de la vaste aurore ils sont funèbres,
Derrière eux vient la chute informe des ténèbres.
Dans les plis de leur dogme ils ont la sombre nuit.
Le couple a tort, le fruit est vil, le germe nuit.
De l'enfant qui la souille une mère est suivie.
Ils sont les justiciers de ce crime, la vie.
Malheur ! pas un hymen, non, pas même le leur,
Pas même leur autel n'est pur. Malheur ! malheur !
O femmes, sur vos fronts ils mettent d'affreux doutes.
Le couronnement d'une est l'outrage de toutes.
Démence ! ce sont eux les désobéissants.
On ne sait quel crachat se mêle à leur encens.
O la profonde insulte ! ils jettent l'anathème
Sur l'œil qui dit je vois ! sur le cœur qui dit j'aime !
Sur l'âme en fête et l'arbre en fleur et l'aube en feu,
Et sur l'immense joie éternelle de Dieu
Criant : Je suis le père ! et sans borne et sans voile
Semant l'enfant sur terre et dans le ciel l'étoile !

VIII

LES GRIFFONNAGES DE L'ÉCOLIER

Charle a fait des dessins sur son livre de classe.
Le thème est fatigant au point, qu'étant très-lasse,
La plume de l'enfant n'a pu se reposer
Qu'en faisant ce travail énorme : improviser
Dans un livre, partout, en haut, en bas, des fresques,
Comme on en voit aux murs des alhambras moresques,
Des taches d'encre, ayant des aspects d'animaux
Qui dévorent la phrase et qui rongent les mots,
Et, le texte mangé, viennent mordre les marges.
Le nez du maître flotte au milieu de ces charges.
Troublant le clair-obscur du vieux latin toscan,
Dans la grande satire où Rome est au carcan,
Sur César, sur Brutus, sur les hautes mémoires,
Charle a tranquillement dispersé ses grimoires.
Ce chevreau, le caprice, a grimpé sur les vers.
Le livre, c'est l'endroit ; l'écolier c'est l'envers.
Sa gaîté s'est mêlée, espiègle, aux stigmates
Du vengeur qui voulait s'enfuir chez les sarmates.
Les barbouillages sont étranges, profonds, drus.

Les monstres ! Les voilà perchés, l'un sur Codrus,
L'autre sur Néron. L'autre égratigne un dactyle.
Un pâté fait son nid dans les branches du style.
Un âne, qui ressemble à monsieur Nisard, brait,
Et s'achève en hibou dans l'obscure forêt ;
L'encrier sur lui coule, et, la tête inondée
De cette pluie, il tient dans sa patte un spondée.
Partout la main du rêve a tracé le dessin ;
Et c'est ainsi qu'au gr de l'écolier, l'essaim
Des griffonnages, horde hostile aux belles-lettres,
S'est envolé parmi les sombres hexamètres.
Jeu ! songe ! on ne sait quoi d'enfantin, s'enlaçant
Au poëme, lui donne un ineffable accent,
Commente le chef-d'œuvre, et l'on sent l'harmonie
D'une naïveté complétant un génie.
C'est un géant ayant sur l'épaule un marmot.
Charle invente une fleur qu'il fait sortir d'un mot,
Ou lâche un farfadet ailé dans la broussaille
Du rhythme effarouché qui s'écarte et tressaille.

Un rond couvre une page. Est-ce un dôme ? est-ce un œuf ?
Une belette en sort qui peut-être est un bœuf.
Le gribouillage règne, et sur chaque vers pose
Les végétations de la métamorphose.
Charle a sur ce latin fait pousser un hallier.
Grâce à lui, ce vieux texte est un lieu singulier
Où le hasard, l'ennui, le lazzi, la rature
Dressent au second plan leur vague architecture.
Son encre a fait la nuit sur le livre étoilé.
Et pourtant, par instants, ce noir réseau brouillé,
A travers ses rameaux, ses porches, ses pilastres,
Laisse passer l'idée et laisse voir les astres.

C'est de cette façon que Charle a travaillé
Au dur chef-d'œuvre antique, et qu'au bronze rouillé
Il a plaqué le lierre, et dérangé la masse
Du masque énorme avec une folle grimace.
Il s'est bien amusé. Quel bonheur d'écolier !
Traiter un fier génie en monstre familier !
Être avec ce lion comme avec un caniche !
Aux pédants, groupe triste et laid, faire une niche !
Rendre agréable aux yeux, réjouissant, malin,
Un livre estampillé par monsieur Delalain !
Gai, bondir à pieds joints par-dessus un poëme !
Charle est très satisfait de son œuvre, et lui-même
— L'oiseau voit le miroir et ne voit pas la glu —
Il s'admire.

      Un guetteur survient, homme absolu.
Dans son œil terne luit le pensum insalubre,
Sa lèvre aux coins baissés porte en son pli lugubre
Le rudiment, la loi, le refus des congés,
Et l'auguste fureur des textes outragés.
L'enfance veut des fleurs ; on lui donne la roche.
Hélas ! c'est le censeur du collége. Il approche,
Jette au livre un regard funeste, et dit, hautain :
— Fort bien. Vous copierez mille vers ce matin
Pour manque de respect à vos livres d'étude. —
Et ce geôlier s'en va, laissant là ce Latude.
Or, c'est précisément la récréation.
Être à neuf ans Tantale, Encelade, Ixion !
Voir autrui jouer ! Être un banni, qu'on excepte !
Tourner du châtiment la manivelle inepte !
Soupirer sous l'ennui, devant les cieux ouverts,
Et sous cette montagne affreuse, mille vers !
Charle sanglote et dit : — Ne pas jouer aux barres !
Copier du latin ! Je suis chez les barbares. —
C'est midi ; le moment où sur l'herbe on s'assied,
L'heure sainte où l'on doit sauter à cloche-pied ;
L'air est chaud, les taillis sont verts, et la fauvette
S'y débarbouille, ayant la source pour cuvette ;
La cigale est là-bas qui chante dans le blé.
L'enfant a droit aux champs. Charles songe accablé
Devant le livre, hélas, tout noirci par ses crimes.
Il croit confusément ouïr gronder les rimes
D'un Boileau, qui s'entr'ouvre et bâille à ses côtés ;

Tous ces bouquins lui font l'effet d'être irrités.
Aucun remords pourtant. Il a la tête haute.
Ne sentant pas de honte, il ne voit pas de faute.
— Suis-je donc en prison ? Suis-je donc le vassal
De Noël, lâchement aggravé par Chapsal ?
Qu'est-ce donc que j'ai fait ? — Triste, il voit passer l'heure
De la joie. Il est seul. Tout l'abandonne. Il pleure.
Il regarde, éperdu, sa feuille de papier.
Mille vers ! Copier ! Copier ! Copier !
Copier ! O pédant, c'est là ce que tu tires
Du bois où l'on entend la flûte des satyres,
Tyran dont le sourcil, sitôt qu'on te répond,
Se fronce comme l'onde aux arches d'un vieux pont !
L'enfance a dès longtemps inventé dans sa rage
La charrue à trois socs pour ce dur labourage.
— Allons ! dit-il, trichons les pions déloyaux !
Et, farouche, il saisit sa plume à trois tuyaux.

Soudain du livre immense une ombre, une âme, un homme
Sort, et dit : Ne crains rien, mon enfant. Je me nomme
Juvénal. Je suis bon. Je ne fais peur qu'aux grands. —
Charles lève ses yeux pleins de pleurs transparents,
Et dit : — Je n'ai pas peur. — L'homme pareil aux marbres,
Reprend, tandis qu'au loin on entend sous les arbres
Jouer les écoliers, gais et de bonne foi :
— Enfant, je fus jadis exilé comme toi,
Pour avoir comme toi barbouillé des figures.
Comme toi les pédants, j'ai fâché les augures.
Élève de Jauffret que jalouse Massin,
Voyons ton livre. — Il dit et regarde un dessin
Qui n'a pas trop de queue et pas beaucoup de tête.
— Qu'est-ce que c'est que ça ? — Monsieur, c'est une bête.
— Ah ! tu mets dans mes vers des bêtes ! Après tout,
Pourquoi pas ? puisque Dieu, qui dans l'ombre est debout,
En met dans les grands bois et dans les mers sacrées.
Il tourne une autre page, et se penche : — Tu crées.
Qu'est ceci ? Ça m'a l'air fort beau, quoique tortu.
— Monsieur, c'est un bonhomme. — Un bonhomme, dis-tu ?
Eh bien, il en manquait justement un. Mon livre
Est rempli de méchants. Voir un bon homme vivre
Parmi tous ces gens-là me plaît. Césars bouffis,
Rangez-vous ! ce bonhomme est dieu. Merci, mon fils. —
Et, d'un doigt souverain, le voilà qui feuillette
Nisard, l'âne, le nez du maître, la belette
Qui peut-être est un bœuf, les dragons, les griffons,
Les pâtés d'encre ailés, mêlés aux vers profonds,
Toute cette gaîté sur son courroux éparse,
Et Juvénal s'écrie ébloui : — C'est très farce !

Ainsi, la grande sœur et la petite sœur,
Ces deux âmes, sont là, jasant ; et le censeur,
Obscur comme minuit et froid comme décembre,
Serait bien étonné, s'il entrait dans la chambre,
De voir, sous le plafond du collége étouffant,
Le vieux poëte rire avec le doux enfant.

IX

LES FREDAINES DU GRAND-PÈRE ENFANT
(1811)

PEPITA

Comme elle avait la résille,
D'abord la rime hésita.
Ce devrait être Inésille... —
Mais non, c'était Pepita.

Seize ans. Belle et grande fille... —
(Ici la rime insista :
Rimeur, c'était Inésille.
Rime, c'était Pepita.)

Pepita... — Je me rappelle !
Oh ! le doux passé vainqueur,
Tout le passé, pêle-mêle,
Revient à flots dans mon cœur ;

Mer, ton flux roule et rapporte
Les varechs et les galets.
Mon père avait une escorte ;
Nous habitions un palais ;

Dans cette Espagne que j'aime,
Au point du jour, au printemps,
Quand je n'existais pas même,
Pepita — j'avais huit ans —

Me disait : — Fils, je me nomme
Pepa ; mon père est marquis. —
Moi, je me croyais un homme,
Étant en pays conquis.

Dans sa résille de soie
Pepa mettait des doublons ;
De la flamme et de la joie
Sortaient de ses cheveux blonds.

Tout cela, jupe de moire,
Veste de toréador,
Velours bleu, dentelle noire,
Dansait dans un rayon d'or,

Et c'était presque une femme
Que Pepita mes amours.

L'indolente avait mon âme
Sous son coude de velours.

Je palpitais dans sa chambre
Comme un nid près du faucon ;
Elle avait un collier d'ambre,
Un rosier sur son balcon.

Tous les jours un vieux qui pleure
Venait demander un sou ;
Un dragon à la même heure
Arrivait je ne sais d'où.

Il piaffait sous la croisée,
Tandis que le vieux râlait
De sa vieille voix brisée :
La charité, s'il vous plait !

Et la belle au collier jaune,
Se penchant sur son rosier,
Faisait au pauvre l'aumône
Pour la faire à l'officier.

L'un plus fier, l'autre moins sombre.
Ils partaient, le vieux hagard
Emportant un sou dans l'ombre,
Et le dragon un regard.

J'étais près de la fenêtre,
Tremblant, trop petit pour voir,
Amoureux sans m'y connaître,
Et bête sans le savoir.

Elle disait avec charme :
Marions-nous ! choisissant
Pour amoureux le gendarme
Et pour mari l'innocent.

Je disais quelque sottise ;
Pepa répondait : Plus bas !
M'éteignant comme on attise ;
Et, pendant ces doux ébats,

Les soldats buvaient des pintes
Et jouaient au domino
Dans les grandes chambres peintes
Du palais Masserano.

X

ENFANTS, OISEAUX ET FLEURS

I

J'aime un groupe d'enfants qui rit et qui s'assemble ;
J'ai remarqué qu'ils sont presque tous blonds, il semble
Qu'un doux soleil levant leur dore les cheveux.
Lorsque Roland, rempli de projets et de vœux,
Était petit, après l'escrime et les parades,
Il jouait dans les champs avec ses camarades
Raymond le paresseux et Jean de Pau ; tous trois
Joyeux ; un moine un jour, passant avec sa croix,
Leur demanda, c'était l'abbé de la contrée :
— Quelle est la chose, enfants, qui vous plaît déchirée ?
— La chair d'un bœuf saignant, répondit Jean de Pau.
— Un livre, dit Raymond. — Roland dit : — Un drapeau.

II

Je suis des bois l'hôte fidèle,
Le jardinier des sauvageons.
Quand l'automne vient, l'hirondelle
Me dit tout bas : Déménageons.

Après frimaire, après nivôse,
Je vais voir si les bourgeons frais
N'ont pas besoin de quelque chose
Et si rien ne manque aux forêts.

Je dis aux ronces : Croissez, vierges !
Je dis : Embaume ! au serpolet ;
Je dis aux fleurs bordant les berges :
Faites avec soin votre ourlet.

Je surveille, entr'ouvrant la porte
Le vent soufflant sur la hauteur ;
Car tromper sur ce qu'il apporte
C'est l'usage de ce menteur.

Je viens dès l'aube, en diligence,
Voir si rien ne fait dévier
Toutes les mesures d'urgence
Que prend avril contre janvier.

Tout finit, mais tout recommence,
Je m'intéresse au procédé
De rajeunissement immense,
Vainement par l'ombre éludé.

J'aime la broussaille mouvante,
Le lierre, le lichen vermeil,
Toutes les coiffures qu'invente
Pour les ruines le soleil.

Quand mai fleuri met des panaches
Aux sombres donjons mécontents,
Je crie à ces vieilles ganaches :
Laissez donc faire le printemps !

III

DANS LE JARDIN

Jeanne et Georges sont là. Le noir ciel orageux
Devient rose, et répand l'aurore sur les jeux ;
O beaux jours ! Le printemps auprès de moi s'empresse ;
Tout verdit ; la forêt est une enchanteresse ;
L'horizon change, ainsi qu'un décor d'opéra ;
Appelez ce doux mois du nom qu'il vous plaira,
C'est mai, c'est floréal ; c'est l'hyménée auguste
De la chose tremblante et de la chose juste,
Du nid et de l'azur, du brin d'herbe et du ciel ;
C'est l'heure où tout se sent vaguement éternel ;
C'est l'éblouissement, c'est l'espoir, c'est l'ivresse ;
La plante est une femme, et mon vers la caresse ;
C'est, grâce aux frais glaïeuls, grâce aux purs liserons,
La vengeance que nous poëtes nous tirons
De cet affreux janvier, si laid ; c'est la revanche
Qu'avril contre l'hiver prend avec la pervenche ;
Courage, avril ! Courage, ô mois de mai ! Ciel bleu,
Réchauffe, resplendis, sois beau ! Bravo, bon Dieu !
Ah ! jamais la saison ne nous fait banqueroute.
L'aube passe en semant des roses sur sa route.
Flamme ! ombre ! tout est plein de ténèbres et d'yeux ;
Tout est mystérieux et tout est radieux ;
Qu'est-ce que l'alcyon cherche dans les tempêtes ?
L'amour ; l'antre et le nid ayant les mêmes fêtes,
Je ne vois pas pourquoi l'homme serait honteux
De ce que les lions pensifs ont devant eux,
De l'amour, de l'hymen sacré, de toi, nature !
Tout cachot aboutit à la même ouverture,
La vie ; et toute chaîne, à travers nos douleurs,
Commence par l'airain et finit par les fleurs.
C'est pourquoi nous avons d'abord la haine infâme,
La guerre, les tourments, les fléaux, puis la femme,
La nuit n'ayant pour but que d'amener le jour.
Dieu n'a fait l'univers que pour faire l'amour.

Toujours, comme un poëte aime, comme les sages
N'ont pas deux vérités et n'ont pas deux visages,
J'ai laissé la beauté, fier et suprême attrait,
Vaincre, et faire de moi tout ce qu'elle voudrait;
Je n'ai pas plus caché devant la femme nue
Mes transports, que devant l'étoile sous la nue
Et devant la blancheur du cygne sur les eaux.
Car dans l'azur sans fond les plus profonds oiseaux
Chantent le même chant, et ce chant, c'est la vie.
Sois puissant, je te plains; sois aimé, je t'envie.

IV

LE TROUBLE-FÊTE

Les belles filles sont en fuite
Et ne savent où se cacher.
Brune et blonde, grande et petite,
Elles dansaient près du clocher;

Une chantait, pour la cadence;
Les garçons aux fraîches couleurs
Accouraient au bruit de la danse,
Mettant à leurs chapeaux des fleurs;

En revenant de la fontaine,
Elles dansaient près du clocher.
J'aime Toinon, disait le chêne;
Moi, Suzon, disait le rocher.

Mais l'homme noir du clocher sombre
Leur a crié : — Laides! fuyez! —
Et son souffle brusque a dans l'ombre
Éparpillé ces petits pieds.

Toute la danse s'est enfuie,
Les yeux noirs avec les yeux bleus,
Comme s'envole sous la pluie
Une troupe d'oiseaux frileux.

Et cette déroute a fait taire
Les grands arbres tout soucieux,
Car les filles dansant sur terre
Font chanter les nids dans les cieux.

— Qu'a donc l'homme noir? disent-elles. —
Plus de chants; car le noir témoin
A fait bien loin enfuir les belles,
Et les chansons encor plus loin.

— Qu'a donc l'homme noir? — Je l'ignore.
Répond le moineau, gai bandit;
Elles pleurent comme l'aurore.
Mais un myosotis leur dit :

— Je vais vous expliquer ces choses.
Vous n'avez point pour lui d'appas;

Les papillons aiment les roses,
Les hiboux ne les aiment pas.

V

ORA, AMA

Le long des berges court la perdrix au pied leste.

Comme pour l'entraîner dans leur danse céleste,
Les nuages ont pris la lune au milieu d'eux.
Petit Georges, veux-tu? nous allons tous les deux
Nous en aller jouer là-bas sous le vieux saule.

La nuit tombe; on se baigne; et, la faulx sur l'épaule,
Le faucheur rentre au gîte, essuyant sa sueur.
Le crépuscule jette une vague lueur
Sur des formes qu'on voit rire dans la rivière.

Monsieur le curé passe et ferme son bréviaire;
Il est trop tard pour lire, et ce reste de jour
Conseille la prière à qui n'a plus l'amour.
Aimer, prier, c'est l'aube et c'est le soir de l'âme.

Et c'est la même chose au fond; aimer la femme,
C'est prier Dieu; pour elle on s'agenouille aussi.
Un jour tu seras homme et tu liras ceci.
En attendant, tes yeux sont grands, et je te parle,

Mon Georges, comme si je parlais à mon Charle.
Quand l'aile rose meurt, l'aile bleue an son tour.
La prière a la même audace que l'amour,
Et l'amour a le même effroi que la prière.

Il fait presque grand jour encor dans la clairière.
L'angélus sonne au fond de l'horizon bruni.
O ciel sublime! sombre édifice infini!
Muraille inexprimable, obscure et rayonnante!

Oh! comment pénétrer dans la maison tonnante?
Le jeune homme est pensif, le vieillard est troublé,
Et devant l'inconnu, vaguement étoilé,
Le soir tremblant ressemble à l'aube frissonnante.

La prière est la porte et l'amour est la clé.

VI

LA MISE EN LIBERTÉ

Après ce rude hiver, un seul oiseau restait
Dans la cage où jadis tout un monde chantait.
Le vide s'était fait dans la grande volière.
Une douce mésange, autrefois familière,

Était là seule avec ses souvenirs d'oiseau.
N'être jamais sans grain, sans biscuit et sans eau,
Voir entrer quelquefois dans sa cage une mouche,
C'était tout son bonheur. Elle en était farouche.
Rien, pas même un serin, et pas même un pierrot.
La cage, c'est beaucoup; mais le désert, c'est trop.
Triste oiseau! dormir seul, et, quand l'aube s'allume,
Être seul à fouiller de son bec sous sa plume!
Le pauvre petit être était redevenu
Sauvage, à faire ainsi tourner ce perchoir nu.
Il semblait par moments s'être donné la tâche
De grimper d'un bâton à l'autre sans relâche;
Son vol paraissait fou; puis soudain le reclus
Se taisait, et, caché, morne, ne bougeait plus.
A voir son gonflement lugubre, sa prunelle,
Et sa tête ployée en plein jour sous son aile,
On devinait son deuil, son veuvage et l'ennui
Du joyeux chant de tous dans l'ombre évanoui.
Ce matin j'ai poussé la porte de la cage,
J'y suis entré.

       Deux mâts, une grotte, un bocage,
Meublent cette prison où frissonne un jet d'eau;
Et l'hiver on la couvre avec un grand rideau.

Le pauvre oiseau, voyant entrer ce géant sombre,
A pris la fuite en haut, puis en bas, cherchant l'ombre
Dans une anxiété d'inexprimable horreur;
L'effroi du faible est plein d'impuissante fureur;
Il voletait devant ma main épouvantable.
Je suis, pour le saisir, monté sur une table.
Alors, terrifié, vaincu, jetant des cris,
Il est allé tomber dans un coin, je l'ai pris.
Contre le monstre immense, hélas, que peut l'atome?
A quoi bon résister quand l'énorme fantôme
Vous tient, captif, hagard, fragile et désarmé?
Il était dans mes doigts, inerte, l'œil fermé,
Le bec ouvert, laissant pendre son cou débile,
L'aile morte, muet, sans regard, immobile,

Et je sentais bondir son petit cœur tremblant.

Avril est de l'aurore un frère ressemblant;
Il est éblouissant ainsi qu'elle est vermeille.
Il a l'air de quelqu'un qui rit et qui s'éveille.
Or, nous sommes au mois d'avril, et mon gazon,
Mon jardin, les jardins d'à côté, l'horizon,
Tout, du ciel à la terre, est plein de cette joie
Qui dans la fleur embaume et dans l'astre flamboie;
Les ajoncs sont en fête, et dorent les ravins
Où les abeilles font des murmures divins;
Penché sur les cressons, le myosotis goûte
A la source, tombant dans les fleurs goutte à goutte;
Le brin d'herbe est heureux; l'âcre hiver se dissout;
La nature paraît contente d'avoir tout,
Parfums, chansons, rayons, et d'être hospitalière.
L'espace aime.

       Je suis sorti de la volière,
Tenant toujours l'oiseau; je me suis approché
Du vieux balcon de bois par le lierre caché;
O renouveau! soleil! tout palpite, tout vibre,
Tout rayonne; et j'ai dit, ouvrant la main : Sois libre!
L'oiseau s'est évadé dans les rameaux flottants,
Et dans l'immensité splendide du printemps;
Et j'ai vu s'en aller au loin la petite âme
Dans cette clarté rose où se mêle une flamme,
Dans l'air profond, parmi les arbres infinis,
Volant au vague appel des amours et des nids,
Planant éperdument vers d'autres ailes blanches,
Ne sachant quel palais choisir, courant aux branches,
Aux fleurs, aux flots, aux bois fraîchement reverdis,
Avec l'effarement d'entrer au paradis.

Alors, dans la lumière et dans la transparence,
Regardant cette fuite et cette délivrance,
Et ce pauvre être ainsi disparu dans le port,
Pensif, je me suis dit : Je viens d'être la mort.

XI

JEANNE LAPIDÉE

BRUXELLES. — NUIT DU 27 MAI

Je regardai.

       Je vis, tout près de la croisée,
Celui par qui la pierre avait été lancée;
Il était jeune; encor presque un enfant, déjà
Un meurtrier.

       Jeune homme, un dieu te protégea
Car tu pouvais tuer cette pauvre petite!
Comme les sentiments humains s'écroulent vite
Dans les cœurs gouvernés par le prêtre qui ment,
Et comme un imbécile est féroce aisément!
Loyola sait changer Jocrisse en Schinderhanne,
Car un tigre est toujours possible dans un âne.
Mais Dieu n'a pas permis, sombre enfant, que ta main
Fît cet assassinat catholique et romain;

Le coup a manqué. Va, triste spectre éphémère,
Deviens de l'ombre. Fuis! Moi, je songe à ta mère.

O femme, ne sois pas maudite! Je reçois
Du ciel juste un rayon clément. Qui que tu sois,
Mère, hélas! quel que soit ton enfant, sois bénie!
N'en sois pas responsable et n'en sois pas punie!
Je lui pardonne au nom de mon ange innocent!
Lui-même il fut jadis l'être humble en qui descend
L'immense paradis, sans pleurs, sans deuils, sans voiles,
Avec tout son sourire et toutes ses étoiles.
Quand il naquit, de joie et d'amour tu vibras.
Il dormait sur ton sein comme Jeanne en mes bras;
Il était de ton toit le mystérieux hôte;
C'était un ange alors, et ce n'est pas ta faute,
Ni la sienne, s'il est un bandit maintenant.
Le prêtre, infortuné lui-même, et frissonnant,
A qui nous confions la croissance future,
Imposteur, a rempli cette âme d'imposture;
L'aveugle a dans ce cœur vidé l'aveuglement.
A ce lugubre élève, à ce maître inclément

Je pardonne; le mal a des piéges sans nombre;
Je les plains; et j'implore au-dessus de nous l'ombre.
Pauvre mère, ton fils ne sait pas ce qu'il fait.
Quand Dieu germait en lui, le prêtre l'étouffait.
Aujourd'hui le voilà dans cette Forêt-noire,
Le dogme! Ignace ordonne; il est prêt à tout boire,
Le faux, le vrai, le bien, le mal, l'erreur, le sang!
Tout! Frappe! il obéit. Assassine! il consent.
Hélas! comment veut-on que je lui sois sévère?
Le sommet qui fait grâce au gouffre est le Calvaire.
Mornes bourreaux, à nous martyrs vous vous fiez
Et nous, les lapidés et les crucifiés,
Nous absolvons le vil caillou, le clou stupide;
Nous pardonnons. C'est juste. Ah! ton fils me lapide,
Mère, et je te bénis. Et je fais mon devoir.
Un jour tu mourras, femme, et puisses-tu le voir
Se frapper la poitrine, à genoux sur ta fosse!
Puisse-t-il voir s'éteindre en lui la clarté fausse,
Et sentir dans son cœur s'allumer le vrai feu,
Et croire moins au prêtre et croire plus à Dieu!

XII

JEANNE ENDORMIE

III

Jeanne dort; elle laisse, ô pauvre ange banni,
Sa douce petite âme aller dans l'infini;
Ainsi le passereau fuit dans la cerisaie;
Elle regarde ailleurs que sur terre, elle essaie,
Hélas, avant de boire à nos coupes de fiel,
De renouer un peu dans l'ombre avec le ciel.
Apaisement sacré! ses cheveux, son haleine,
Son teint, plus transparent qu'une aile de phalène,
Ses gestes indistincts, son calme, c'est exquis.
Le vieux grand-père, esclave heureux, pays conquis,
La contemple.

            Cet être est ici-bas le moindre
Et le plus grand; on voit sur cette bouche poindre
Un rire vague et pur qui vient on ne sait d'où;
Comme elle est belle! Elle a des plis de graisse au cou;

On la respire ainsi qu'un parfum d'asphodèle;
Une poupée aux yeux étonnés est près d'elle,
Et l'enfant par moments la presse sur son cœur.
Figurez-vous cet ange obscur, tremblant, vainqueur,
L'espérance étoilée autour de ce visage,
Ce pied nu, ce sommeil d'une grâce en bas âge.
Oh! quel profond sourire, et compris de lui seul,
Elle rapportera de l'ombre à son aïeul!
Car l'âme de l'enfant, pas encor dédorée,
Semble être une lueur du lointain empyrée,
Et l'attendrissement des vieillards, c'est de voir
Que le matin veut bien se mêler à leur soir.

Ne la réveillez pas. Cela dort, une rose.
Jeanne au fond du sommeil médite et se compose
Je ne sais quoi de plus céleste que le ciel.
De lys en lys, de rêve en rêve, on fait son miel,
Et l'âme de l'enfant travaille, humble et vermeille,
Dans les songes ainsi que dans les fleurs l'abeille.

XIII

L'ÉPOPÉE DU LION

I

LE PALADIN.

Un lion avait pris un enfant dans sa gueule,
Et, sans lui faire mal, dans la forêt, aïeule
Des sources et des nids, il l'avait emporté.
Il l'avait, comme on cueille une fleur en été,
Saisi sans trop savoir pourquoi, n'ayant pas même
Mordu dedans, mépris fier ou pardon suprême;
Les lions sont ainsi, sombres et généreux.
Le pauvre petit prince était fort malheureux;
Dans l'antre, qu'emplissait la grande voix bourrue,
Blotti, tremblant, nourri d'herbe et de viande crue,
Il vivait, presque mort et d'horreur hébété.
C'était un frais garçon, fils du roi d'à côté;
Tout jeune, ayant dix ans, âge tendre où l'œil brille;
Et le roi n'avait plus qu'une petite fille
Nouvelle-née, ayant deux ans à peine; aussi
Le roi qui vieillissait n'avait-il qu'un souci,
Son héritier en proie au monstre; et la province
Qui craignait le lion plus encor que le prince
Était fort effarée.

      Un héros qui passait
Dans le pays fit halte, et dit : Qu'est-ce que c'est?
On lui dit l'aventure; il s'en alla vers l'antre.

        *

Un creux où le soleil lui-même est pâle, et n'entre
Qu'avec précaution; c'était l'antre où vivait
L'énorme bête, ayant le rocher pour chevet.

Le bois avait, dans l'ombre et sur un marécage,
Plus de rameaux que n'a de barreaux une cage;
Cette forêt était digne de ce consul;
Un menhir s'y dressait en l'honneur d'Irmensul;
La forêt ressemblait aux halliers de Bretagne;
Elle avait pour limite une rude montagne,
Un de ces durs sommets où l'horizon finit;
Et la caverne était taillée en plein granit,
Avec un entourage orageux de grands chênes;
Les autres, aux cités rendant haines pour haines,
Contiennent on ne sait quel sombre talion.
Les chênes murmuraient : Respectez le lion !

        *

Le héros pénétra dans ce palais sauvage;
L'antre avait ce grand air de meurtre et de ravage
Qui sied à la maison des puissants, de l'effroi,
De l'ombre, et l'on sentait qu'on était chez un roi;
Des ossements à terre indiquaient que le maître
Ne se laissait manquer de rien; une fenêtre
Faite par quelque coup de tonnerre au plafond
L'éclairait; une brume où la lueur se fond,
Qui semble aurore à l'aigle et nuit à la chouette,
C'est toute la clarté qu'un conquérant souhaite;
Du reste c'était haut et fier; on comprenait
Que l'être altier couchait sur un lit de genêt
Et n'avait pas besoin de rideaux de guipure,
Et qu'il buvait du sang, mais aussi de l'eau pure,
Simplement, sans valet, sans coupe et sans hanap.
Le chevalier était armé de pied en cap.
Il entra.

        *

      Tout de suite il vit dans la tanière
Un des plus grands seigneurs couronnés de crinière
Qu'on pût voir, et c'était la bête; elle pensait;
Et son regard était profond, car nul ne sait
Si les monstres des bois n'en sont pas les pontifes;
Et ce lion était un maître aux larges griffes,
Sinistre, point facile à décontenancer.
Le héros approcha, mais sans trop avancer.
Son pas était sonore, et sa plume était rouge.
Il ne fit remuer rien dans l'auguste bouge.
La bête était plongée en ses réflexions.
Thésée entrant au gouffre où sont les Ixions
Et les Sisyphes nus et les flots de l'Averne,
Vit à peu près la même implacable caverne.
Le paladin, à qui le devoir disait : va !
Tira l'épée. Alors le lion souleva
Sa tête doucement d'une façon terrible,

Et le chevalier dit : — Salut, ô bête horrible !
Tu caches dans les trous de ton antre un enfant;
J'ai beau fouiller des yeux ton repaire étouffant,
Je ne l'aperçois pas. Or je viens le reprendre.
Nous serons bons amis si tu veux me le rendre;

Sinon, je suis lion aussi, moi, tu mourras;
Et le père étreindra son enfant dans ses bras,
Pendant qu'ici ton sang fumera, tiède encore;
Et c'est ce que verra demain la blonde aurore.

Et le lion pensif lui dit : — Je ne crois pas.

*

Sur quoi le chevalier farouche fit un pas,
Brandit sa grande épée, et dit : Prends garde, sire!
On vit le lion, chose effrayante, sourire.
Ne faites pas sourire un lion. Le duel
S'engagea, comme il sied entre géants, cruel,
Tel que ceux qui de l'Inde ensanglantent les jungles.
L'homme allongea son glaive et la bête ses ongles;
On se prit corps à corps, et le monstre écumant
Se mit à manier l'homme effroyablement;
L'un était le vaillant et l'autre le vorace;
Le lion étreignit la chair sous la cuirasse,
Et, fauve, et sous sa griffe ardente pétrissant
Ce fer et cet acier, il fit jaillir le sang
Du sombre écrasement de toute cette armure,
Comme un enfant rougit ses doigts dans une mûre;
Et puis l'un après l'autre il ôta les morceaux
Du casque et des brassards, il mit à nu les os,
Et le grand chevalier n'était plus qu'une espèce
De boue et de limon sous la cuirasse épaisse;
Et le lion mangea le héros. Puis il mit
Sa tête sur le roc sinistre et s'endormit.

II

L'ERMITE.

Alors vint un ermite.

Il s'avança vers l'antre;
Grave et tremblant, sa croix au poing, sa corde au ventre,
Il entra. Le héros tout rongé gisait là
Informe, et le lion, se réveillant, bâilla.
Le monstre ouvrit les yeux, entendit une haleine,
Et, voyant une corde autour d'un froc de laine,
Un grand capuchon noir, un homme là dedans,
Acheva de bâiller, montrant toutes ses dents;
Puis, auguste, et parlant comme une porte grince,
Il dit:—Que veux-tu, toi?—Mon roi.—Quel roi?—Mon prince.
—Qui?—L'enfant.—C'est cela que tu nommes un roi!—
L'ermite salua le lion. — Roi, pourquoi
As-tu pris cet enfant? — Parce que je m'ennuie.
Il me tient compagnie ici les jours de pluie.
— Rends-le-moi. — Non. Je l'ai. — Qu'en veux-tu faire enfin?
Le veux-tu donc manger? — Dame! si j'avais faim!
— Songe au père, à son deuil, à sa douleur amère.

— Les hommes m'ont tué la lionne, ma mère.
— Le père est roi, seigneur, comme toi. — Pas autant.
S'il parle, c'est un homme, et moi, quand on m'entend,
C'est le lion. — S'il perd ce fils... — Il a sa fille.
— Une fille, c'est peu pour un roi. — Ma famille
A moi, c'est l'âpre roche et la fauve forêt,
Et l'éclair qui parfois sur ma tête apparaît;
Je m'en contente. — Sois clément pour une altesse.
— La clémence n'est pas; tout est de la tristesse.
— Veux-tu le paradis? Je t'offre le blanc-seing
Du bon Dieu. — Va-t'en, vieil imbécile de saint!

L'ermite s'en alla.

III

LA CHASSE ET LA NUIT.

Le lion solitaire,
Plein de l'immense oubli qu'ont les monstres sur terre,
Se rendormit, laissant l'intègre nuit venir.
La lune parut, fit un spectre du menhir,
De l'étang un linceul, du sentier un mensonge,
Et du noir paysage inexprimable un songe;
Et rien ne bougea plus dans la grotte, et, pendant
Que les astres sacrés marchaient vers l'occident
Et que l'herbe abritait la taupe et la cigale,
La respiration du grand lion, égale
Et calme, rassurait les bêtes dans les bois.

Tout à coup des clameurs, des cors et des abois.
Un de ces bruits de meute et d'hommes et de cuivres
Qui font que brusquement les forêts semblent ivres
Et que la nymphe écoute en tremblant dans son lit,
La rumeur d'une chasse épouvantable emplit
Toute cette ombre, lac, montagne, bois, prairie,
Et troubla cette vaste et fauve rêverie.
Le hallier s'empourpra de tous les sombres jeux
D'une lueur mêlée à des cris orageux.
On entendait hurler les chiens chercheurs de proies
Et des ombres couraient parmi les claires-voies.
Cette altière rumeur d'avance triomphait.
On eût dit une armée; et c'était en effet
Des soldats envoyés par le roi, par le père,
Pour délivrer le prince et forcer le repaire,
Et rapporter la peau sanglante du lion.
De quel côté de l'ombre est la rébellion,
Du côté de la bête ou du côté de l'homme?
Dieu seul le sait; tout est le chiffre, il est la somme.

Les soldats avaient fait un repas copieux,
Étaient en bon état, armés d'arcs et d'épieux,
En grand nombre, et conduits par un fier capitaine.
Quelques-uns revenaient d'une guerre lointaine,
Et tous étaient des gens éprouvés et vaillants.
Le lion entendait tous ces bruits malveillants,
Car il avait rouvert sa tragique paupière;

L'ÉPOPÉE DU LION.

Mais sa tête restait paisible sur la pierre,
Et seulement sa queue énorme remuait.

*

Au dehors, tout autour du grand antre muet,
Hurlait le brouhaha de la foule indignée;
Comme un essaim bourdonne autour d'une araignée,
Comme une ruche autour d'un ours pris au lacet,
Toute la légion des chasseurs frémissait;
Elle s'était rangée en ordre de bataille.
On savait que le monstre était de haute taille,
Qu'il mangeait un héros comme un singe une noix,
Qu'il était plus hautain qu'un tigre n'est sournois,
Que son regard faisait baisser les yeux à l'aigle;
Aussi lui faisait-on l'honneur d'un siége en règle.
La troupe à coups de hache abattait les fourrés;
Les soldats avançaient l'un sur l'autre serrés,
Et les archers tendaient sur la corde les flèches.
On fit silence, afin que sur les feuilles sèches
On entendît les pas du lion, s'il venait.
Et les chiens, qui selon le moment où l'on est
Savent se taire, allaient devant eux, gueule ouverte,
Mais sans bruit. Les flambeaux dans la bruyère verte
Rôdaient, et leur lumière allongée en avant
Éclairait ce chaos d'arbres tremblant au vent;
C'est ainsi qu'une chasse habile se gouverne.
On voyait à travers les branches la caverne,
Sorte de masse informe au fond du bois épais,
Béante, mais muette, ayant un air de paix
Et de rêve, et semblant ignorer cette armée.
D'un âtre où le feu couve il sort de la fumée,
D'une ville assiégée on entend le beffroi;
Ici rien de pareil; avec un vague effroi,
Tous observaient, le poing sur l'arc ou sur la pique,
Cette tranquillité sombre de l'antre épique;
Les dogues chuchotaient entre eux je ne sais quoi.
De l'horreur qui dans l'ombre obscure se tient coi,
C'est plus inquiétant qu'un fracas de tempête.
Cependant on était venu pour cette bête,
On avançait, les yeux fixés sur la forêt,
Et non sans redouter ce que l'on désirait;
Les éclaireurs guettaient, élevant leur lanterne;
On regardait le seuil béant de la caverne;
Les arbres frissonnaient, silencieux témoins;
On marchait en bon ordre, on était mille au moins...
Tout à coup apparut la face formidable.

*

On vit le lion.

Tout devint inabordable
Sur-le-champ, et les bois parurent agrandis;
Ce fut un tremblement parmi les plus hardis;
Mais, fût-ce en frémissant, de vaillants archers tirent,

Et sur le grand lion les flèches s'abattirent,
Un tourbillon de dards le cribla. Le lion,
Pas plus que sous l'orage Ossa ni Pélion
Ne s'émeuvent, fronça son poil, et grave, austère,
Secoua la plupart des flèches sur la terre;
D'autres, sur qui ces dards se seraient enfoncés,
Auraient certes trouvé qu'il en restait assez,
Ou se seraient enfuis; le sang rayait sa croupe;
Mais il n'y prit point garde, et regarda la troupe;
Et ces hommes, troublés d'être en un pareil lieu,
Doutaient s'il était monstre ou bien s'il était dieu.
Les chiens muets cherchaient l'abri des fers de lance.
Alors le fier lion poussa, dans ce silence,
A travers les grands bois et les marais dormants,
Un de ces monstrueux et noirs rugissements
Qui sont plus effrayants que tout ce qu'on vénère,
Et qui font qu'à demi réveillé, le tonnerre
Dit dans le ciel profond : Qui donc tonne là-bas?

Tout fut fini. La fuite emporte les combats
Comme le vent la brume, et toute cette armée,
Dissoute, aux quatre coins de l'horizon semée,
S'évanouit devant l'horrible grondement.
Tous, chefs, soldats, ce fut l'affaire d'un moment,
Croyant être en des lieux surhumains où se forme
On ne sait quel courroux de la nature énorme,
Disparurent, tremblants, rampants, perdus, cachés.
Et le monstre cria : — Monts et forêts, sachez
Qu'un lion libre est plus que mille hommes esclaves.

*

Les bêtes ont le cri comme un volcan les laves;
Et cette éruption qui monte au firmament
D'ordinaire suffit à leur apaisement;
Les lions sont sereins plus que les dieux peut-être;
Jadis, quand l'éclatant Olympe était le maître,
Les Hercules disaient : — Si nous étranglions
A la fin, une fois pour toutes, les lions?
Et les lions disaient : — Faisons grâce aux Hercules.

Pourtant ce lion-ci, fils des noirs crépuscules,
Resta sinistre, obscur, sombre; il était de ceux
Qui sont à se calmer rétifs et paresseux,
Et sa colère était d'une espèce farouche.
La bête veut dormir quand le soleil se couche;
Il lui déplaît d'avoir affaire aux chiens rampants;
Ce lion venait d'être en butte aux guets-apens;
On venait d'insulter la forêt magnanime;
Il monta sur le mont, se dressa sur la cime,
Et reprit la parole, et, comme le semeur
Jette sa graine au loin, prolongea sa clameur
De façon que le roi l'entendit dans sa ville :
— Roi! tu m'as attaqué d'une manière vile!
Je n'ai point jusqu'ici fait mal à ton garçon;
Mais, roi, je t'avertis, par-dessus l'horizon,

Que j'entrerai demain dans ta ville à l'aurore,
Que je t'apporterai l'enfant vivant encore,
Que j'invite à me voir entrer tous tes valets,
Et que je mangerai ton fils dans ton palais.

La nuit passa, laissant les ruisseaux fuir sous l'herbe
Et la nuée errer au fond du ciel superbe.

Le lendemain on vit dans la ville ceci :
L'aurore ; le désert ; des gens criant merci,
Fuyant, faces d'effroi bien vite disparues ;
Et le vaste lion qui marchait dans les rues.

IV

L'AURORE.

Le blème peuple était dans les caves épars.
A quoi bon résister ? Pas un homme aux remparts ;
Les portes de la ville étaient grandes ouvertes.
Ces bêtes à demi divines sont couvertes
D'une telle épouvante et d'un doute si noir,
Leur antre est un si morne et si puissant manoir,
Qu'il est décidément presque impie et peu sage,
Quand il leur plaît d'errer, d'être sur leur passage.
Vers le palais chargé d'un dôme d'or massif
Le lion à pas lents s'acheminait pensif,
Encor tout hérissé des flèches dédaignées ;
Une écorce de chêne a des coups de cognées,
Mais l'arbre n'en meurt pas ; et, sans voir un archer,
Grave, il continuait d'aller et de marcher ;
Et le peuple tremblait, laissant la bête seule.
Le lion avançait, tranquille, et dans sa gueule
Effroyable il avait l'enfant évanoui.

Un petit prince est-il un petit homme ? Oui.
Et la sainte pitié pleurait dans les ténèbres.
Le doux captif, livide entre ces crocs funèbres,
Était des deux côtés de la gueule pendant,
Pâle, mais n'avait pas encore un coup de dent ;
Et, cette proie étant un bâillon dans sa bouche,
Le lion ne pouvait rugir, ennui farouche
Pour un monstre, et son calme était très furieux ;
Son silence augmentait la flamme de ses yeux ;
Aucun arc ne brillait dans aucune embrasure ;
Peut-être craignait-on qu'une flèche peu sûre ;
Tremblante, mal lancée au monstre triomphant,
Ne manquât le lion et ne tuât l'enfant.
Comme il l'avait promis par-dessus la montagne,
Le monstre, méprisant la ville comme un bagne,
Alla droit au palais, las de voir tout trembler,
Espérant trouver là quelqu'un à qui parler.
La porte ouverte, ainsi qu'au vent le jonc frissonne,
Vacillait. Il entra dans le palais. Personne.

Tout en pleurant son fils, le roi s'était enfui
Et caché comme tous, voulant vivre aussi lui,

S'estimant au bonheur des peuples nécessaire.
Une bête féroce est un être sincère
Et n'aime point la peur ; le lion se sentit
Honteux d'être si grand, l'homme étant si petit ;
Il se dit, dans la nuit qu'un lion a pour âme :
— C'est bien, je mangerai le fils. Quel père infâme ! —
Terrible, après la cour prenant le corridor,
Il se mit à rôder sous les hauts plafonds d'or ;
Il vit le trône, et rien dedans ; des chambres vertes,
Jaunes, rouges, aux seuils vides, toutes désertes ;
Le monstre allait de salle en salle, pas à pas,
Affreux, cherchant un lieu commode à son repas ;
Il avait faim. Soudain l'effrayant marcheur fauve
S'arrêta.

*

Près du parc en fleur, dans une alcôve,
Un pauvre être, oublié dans la fuite, bercé
Par l'immense humble rêve à l'enfance versé,
Inondé de soleil à travers la charmille,
Se réveillait. C'était une petite fille ;
L'autre enfant du roi. Seule et nue, elle chantait.
Car l'enfant chante même alors que tout se tait.

Une ineffable voix, plus tendre que la lyre,
Une petite bouche avec un grand sourire,
Un ange dans un tas de joujoux, un berceau,
Crèche pour un Jésus ou nid pour un oiseau,
Deux profonds yeux bleus, pleins de clartés inconnues,
Col nu, pieds nus, bras nus, ventre nu, jambes nues,
Une brassière blanche allant jusqu'au nombril,
Un astre dans l'azur, un rayon en avril,
Un lys du ciel daignant sur cette terre éclore,
Telle était cette enfant plus douce que l'aurore.
Et le lion venait d'apercevoir cela.

Il entra dans la chambre, et le plancher trembla.

Par-dessus les jouets qui couvraient une table,
Le lion avança sa tête épouvantable,
Sombre en sa majesté de monstre et d'empereur,
Et sa proie en sa gueule augmentait son horreur.
L'enfant le vit, l'enfant cria : — Frère ! mon frère !
Ah ! mon frère ! — et debout, rose dans la lumière
Qui la divinisait et qui la réchauffait,
Regarda ce géant des bois, dont l'œil eût fait
Reculer les Typhons et fuir les Briarées.
Qui sait ce qui se passe en ces têtes sacrées ?
Elle se dressa droite au bord du lit étroit,
Et menaça le monstre avec son petit doigt.

Alors, près du berceau de soie et de dentelle,
Le grand lion posa son frère devant elle,
Comme eût fait une mère en abaissant les bras,
Et lui dit : Le voici. La ! ne te fâche pas !

XIV

A DES AMES ENVOLÉES

Ces âmes que tu rappelles,
Mon cœur, ne reviennent pas.
Pourquoi donc s'obstinent-elles,
Hélas! à rester là-bas

Dans les sphères éclatantes,
Dans l'azur et les rayons,
Sont-elles donc plus contentes
Qu'avec nous qui les aimions?

Nous avions sous les tonnelles
Une maison près Saint-Leu.
Comme les fleurs étaient belles!
Comme le ciel était bleu!

Parmi les feuilles tombées,
Nous courions au bois vermeil;
Nous cherchions des scarabées
Sur les vieux murs au soleil;

On riait de ce bon rire
Qu'Éden jadis entendit,
Ayant toujours à se dire
Ce qu'on s'était déjà dit;

Je contais la Mère l'Oie;
On était heureux, Dieu sait!
On poussait des cris de joie
Pour un oiseau qui passait.

XV

LAUS PUERO

I

LES ENFANTS GATÉS

En me voyant si peu redoutable aux enfants,
Et si rêveur devant les marmots triomphants,
Les hommes sérieux froncent leurs sourcils mornes.
Un grand-père échappé passant toutes les bornes,
C'est moi. Triste, infini dans la paternité,
Je ne suis rien qu'un bon vieux sourire entêté.
Ces chers petits! Je suis grand-père sans mesure;
Je suis l'ancêtre aimant ces nains que l'aube azure,
Et regardant parfois la lune avec ennui,
Et la voulant pour eux, et même un peu pour lui;
Pas raisonnable enfin. C'est terrible. Je règne
Mal, et je ne veux pas que mon peuple me craigne;
Or, mon peuple, c'est Jeanne et George; et moi barbon,
Aïeul sans frein, ayant cette rage, être bon,
Je leur fais enjamber toutes les lois, et j'ose
Pousser aux attentats leur république rose;
La popularité malsaine me séduit;
Certe, on passe au vieillard, qu'attend la froide nuit,
Son amour pour la grâce et le rire et l'aurore;
Mais des petits, qui n'ont pas fait de crime encore,
Je vous demande un peu si le grand-père doit
Être anarchique, au point de leur montrer du doigt,

Comme pouvant dans l'ombre avoir des aventures,
L'auguste armoire où sont les pots de confitures!
Oui, j'ai pour eux, parfois, — ménagères, pleurez! —
Consommé le viol de ces vases sacrés.
Je suis affreux. Pour eux je grimpe sur des chaises!
Si je vois dans un coin une assiette de fraises
Réservée au dessert de nous autres, je dis:
— O chers petits oiseaux goulus du paradis,
C'est à vous! Voyez-vous, en bas, sous la fenêtre,
Ces enfants pauvres, l'un vient à peine de naître.
Ils ont faim. Faites-les monter, et partagez. —

Jetons le masque. Eh bien! je tiens pour préjugés,
Oui, je tiens pour erreurs stupides les maximes
Qui veulent interdire aux grands aigles les cimes,
L'amour aux seins d'albâtre et la joie aux enfants.
Je nous trouve ennuyeux, assommants, étouffants.
Je ris quand nous enflons notre colère d'homme
Pour empêcher l'enfant de cueillir une pomme,
Et quand nous permettons un faux serment aux rois.
Défends moins tes pommiers et défends mieux tes droits,
Paysan. Quand l'opprobre est une mer qui monte,
Quand je vois le bourgeois voter oui pour sa honte;
Quand Scapin est évêque et Basile banquier;
Quand, ainsi qu'on remue un pion sur l'échiquier,

Un aventurier pose un forfait sur la France,
Et le joue, impassible et sombre, avec la chance
D'être forçat s'il perd et s'il gagne empereur;
Quand on le laisse faire, et qu'on voit sans fureur
Régner la trahison abrutie en orgie,
Alors dans les berceaux moi je me réfugie,
Je m'enfuis dans la douce aurore, et j'aime mieux
Cet essaim d'innocents, petits démons joyeux
Faisant tout ce qui peut leur passer par la tête,
Que la foule acceptant le crime en pleine fête
Et tout ce bas-empire infâme dans Paris;
Et les enfants gâtés que les pères pourris.

II

LE SYLLABUS

Tout en mangeant d'un air effaré vos oranges,
Vous semblez aujourd'hui, mes tremblants petits anges,
Me redouter un peu;
Pourquoi? c'est ma bonté qu'il faut toujours attendre,
Jeanne, et c'est le devoir de l'aïeul d'être tendre
Et du ciel d'être bleu.

N'ayez pas peur. C'est vrai, j'ai l'air fâché, je gronde,
Non contre vous. Hélas, enfants, dans ce vil monde,
Le prêtre hait et ment;
Et, voyez-vous, j'entends jusqu'en nos verts asiles
Un sombre brouhaha de choses imbéciles
Qui passe en ce moment.

Les prêtres font de l'ombre. Ah! je veux m'y soustraire..
La plaine resplendit; viens, Jeanne, avec ton frère,
Viens, George, avec ta sœur.
Un rayon sort du lac, l'aube est dans la chaumière;
Ce qui monte de tout vers Dieu, c'est la lumière;
Et d'eux, c'est la noirceur.

J'aime une petitesse et je déteste l'autre;
Je hais leur bégaiement et j'adore le vôtre;
Enfants, quand vous parlez,
Je me penche, écoutant ce que dit l'âme pure,
Et je crois entrevoir une vague ouverture
Des grands cieux étoilés.

Car vous étiez hier, ô doux parleurs étranges,
Les interlocuteurs des astres et des anges;
En vous rien n'est mauvais;
Vous m'apportez, à moi sur qui gronde la nue,
On ne sait quel rayon de l'aurore inconnue;
Vous en venez, j'y vais.

Ce que vous dites sort du firmament austère;
Quelque chose de plus que l'homme et que la terre
Est dans vos jeunes yeux;

Et votre voix où rien n'insulte, où rien ne blâme,
Où rien ne mord, s'ajoute au vaste épithalame
Des bois mystérieux.

Ce doux balbutiement me plaît, je le préfère,
Car j'y sens l'idéal; j'ai l'air de ne rien faire
Dans les fauves forêts,
Et pourtant Dieu sait bien que tout le jour j'écoute
L'eau tomber d'un plafond de rochers goutte à goutte
Au fond des antres frais.

Ce qu'on appelle mort et ce qu'on nomme vie
Parle la même langue à l'âme inassouvie;
En bas nous étouffons;
Mais rêver, c'est planer dans les apothéoses,
C'est comprendre; et les nids disent les mêmes choses
Que les tombeaux profonds.

Les prêtres vont criant : Anathème! anathème!
Mais la nature dit de toutes parts : Je t'aime!
Venez, enfants; le jour
Est partout, et partout on voit la joie éclore;
Et l'infini n'a pas plus d'azur et d'aurore
Que l'âme n'a d'amour.

J'ai fait la grosse voix contre ces noirs pygmées;
Mais ne me craignez pas; les fleurs sont embaumées,
Les bois sont triomphants;
Le printemps est la fête immense, et nous en sommes;
Venez, j'ai quelquefois fait peur aux petits hommes,
Non aux petits enfants.

III

ENVELOPPE D'UNE PIÈCE DE MONNAIE

DANS UNE QUÊTE FAITE PAR JEANNE

Mes amis, qui veut de la joie?
Moi, toi, vous. Eh bien, donnons tous.
Donnons aux pauvres à genoux;
Le soir, de peur qu'on ne nous voie.

Le pauvre, en pleurs sur le chemin,
Nu sur son grabat misérable,
Affamé, tremblant, incurable,
Est l'essayeur du cœur humain.

Qui le repousse en est plus morne;
Qui l'assiste s'en va content.
Ce vieux homme humble et grelottant,
Ce spectre du coin de la borne,

Cet infirme aux pas alourdis,
Peut faire, en notre âme troublée,

Descendre la joie étoilée
Des profondeurs du paradis.

Êtes-vous sombre? Oui, vous l'êtes ;
Eh bien, donnez; donnez encor.
Riche, en échange d'un peu d'or
Ou d'un peu d'argent que tu jettes,

Indifférent, parfois moqueur,
A l'indigent dans sa chaumière,
Dieu te donne de la lumière
Dont tu peux te remplir le cœur !

Vois, pour ton sequin, blanc ou jaune,
Vil sou que tu crois précieux,
Dieu t'offre une étoile des cieux
Dans la main tendue à l'aumône.

IV

A PROPOS DE LA LOI

DITE LIBERTÉ DE L'ENSEIGNEMENT

Prêtres, vous complotez de nous sauver, à l'aide
Des ténèbres, qui sont en effet le remède
Contre l'astre et le jour ;
Vous faites l'homme libre au moyen d'une chaîne ;
Vous avez découvert cette vertu, la haine,
Le crime étant l'amour.

Vous êtes l'innombrable attaquant le sublime ;
L'esprit humain, colosse, a pour tête la cime
Des hautes vérités ;
Fatalement ce front qui se dresse dans l'ombre
Attire à sa clarté le fourmillement sombre
Des dogmes irrités.

En vain le grand lion rugit, gronde, extermine ;
L'insecte vil s'acharne ; et toujours la vermine
Fit tout ce qu'elle put ;
Nous méprisons l'immonde essaim qui tourbillonne ;
Nous vous laissons bruire, et contre Babylone
Insurger Lilliput.

Pas plus qu'on ne verrait sous l'assaut des cloportes
Et l'effort des cirons tomber Thèbe aux cent portes
Et Ninive aux cent tours,
Pas plus qu'on ne verrait se dissiper le Pinde,
Ou l'Olympe, ou l'immense Himalaya de l'Inde
Sous un vol de vautours,

On ne verra crouler sous vos battements d'ailes
Voltaire et Diderot, ces fermes citadelles,
Platon qu'Horace aimait,

Et ce vieux Dante ouvert, au fond des cieux qu'il dore,
Sur le noir passé, comme une porte d'aurore
Sur un sombre sommet.

Ce rocher, ce granit, ce mont, la pyramide,
Debout dans l'ouragan sur le sable numide,
Hanté par les esprits,
S'aperçoit-il qu'il est, lui l'âpre hiéroglyphe,
Insulté par la fiente ou rayé par la griffe
De la chauve-souris?

Non, l'avenir ne peut mourir de vos morsures.
Les flèches du matin sont divines et sûres ;
Nous vaincrons, nous voyons!
Erreurs, le vrai vous tue; ô nuit, le jour te vise ;
Et nous ne craignons pas que jamais l'aube épuise
Son carquois de rayons.

Donc, soyez dédaignés sous la voûte éternelle.
L'idéal n'aura pas moins d'aube en sa prunelle
Parce que vous vivrez.
La réalité rit et pardonne au mensonge.
Quant à moi, je serai satisfait, moi qui songe
Devant les cieux sacrés,

Tant que Jeanne sera mon guide sur la terre,
Tant que Dieu permettra que j'aie, ô pur mystère !
En mon âpre chemin,
Ces deux bonheurs où tient tout l'idéal possible,
Dans l'âme un astre immense, et dans ma main paisible
Une petite main.

V

LES ENFANTS PAUVRES

Prenez garde à ce petit être ;
Il est bien grand, il contient Dieu.
Les enfants sont, avant de naître,
Des lumières dans le ciel bleu.

Dieu nous les offre en sa largesse ;
Ils viennent ; Dieu nous en fait don ;
Dans leur rire il met sa sagesse
Et dans leur baiser son pardon.

Leur douce clarté nous effleure.
Hélas, le bonheur est leur droit.
S'ils ont faim, le paradis pleure.
Et le ciel tremble, s'ils ont froid.

La misère de l'innocence
Accuse l'homme vicieux.
L'homme tient l'ange en sa puissance.
Oh ! quel tonnerre au fond des cieux,

Quand Dieu, cherchant ces êtres frêles
Que, dans l'ombre où nous sommeillons,
Il nous envoie avec des ailes,
Les retrouve avec des haillons!

―――――

VI

AUX CHAMPS

Je me penche attendri sur les bois et les eaux,
Rêveur, grand-père aussi des fleurs et des oiseaux ;
J'ai la pitié sacrée et profonde des choses ;
J'empêche les enfants de maltraiter les roses ;
Je dis : N'effarez point la plante et l'animal ;
Riez sans faire peur, jouez sans faire mal.
Jeanne et Georges, fronts purs, prunelles éblouies,
Rayonnent au milieu des fleurs épanouies ;
J'erre, sans le troubler, dans tout ce paradis ;
Je les entends chanter, je songe, et je me dis
Qu'ils sont inattentifs, dans leurs charmants tapages,
Au bruit sombre que font en se tournant les pages
Du mystérieux livre où le sort est écrit,
Et qu'ils sont loin du prêtre et près de Jésus-Christ.

―――――

VII

ENCORE L'IMMACULÉE CONCEPTION

Attendez. Je regarde une petite fille.
Je ne la connais pas ; mais cela chante et brille ;
C'est du rire, du ciel, du jour, de la beauté,
Et je ne puis passer froidement à côté.
Elle n'a pas trois ans. C'est l'aube qu'on rencontre.
Peut-être elle devrait cacher ce qu'elle montre,
Mais elle n'en sait rien, et d'ailleurs c'est charmant.
Cela, certes, ressemble au divin firmament
Plus que la face auguste et jaune d'un évêque.
Le babil des marmots est ma bibliothèque ;
J'ouvre chacun des mots qu'ils disent, comme on prend
Un livre, et j'y découvre un sens profond et grand,
Sévère quelquefois. Donc j'écoute cet ange ;
Et ce gazouillement me rassure, me venge,
M'aide à rire du mal qu'on veut me faire, éteint
Ma colère, et vraiment m'empêche d'être atteint
Par l'ombre du hideux sombrero de Basile.
Cette enfant est un cœur, une fête, un asile,
Et Dieu met dans son souffle et Dieu mêle à sa voix
Toutes les fleurs des champs, tous les oiseaux des bois ;
Ma Jeanne, qui pourrait être sa sœur jumelle,
Traînait, l'été dernier, un chariot comme elle,
L'emplissait, le vidait, riait d'un rire fou,
Courait. Tous les enfants ont le même joujou ;

Tous les hommes aussi. C'est bien, va, sois ravie,
Et traîne ta charrette, en attendant la vie.
Louange à Dieu! toujours un enfant m'apaisa.
Doux être! voyez-moi les mains que ça vous a !
Allons, remettez donc vos bas, mademoiselle.
Elle est pieds nus, elle est barbouillée, elle est belle ;
Sa charrette est cassée, et, comme nous, ma foi,
Elle se fait un char avec n'importe quoi.
Tout est char de triomphe à l'enfant comme à l'homme.
L'enfant aussi veut être un peu bête de somme
Comme nous ; il se fouette, il s'impose une loi ;
Il traîne son hochet comme nous notre roi ;
Seulement l'enfant brille où le peuple se vautre.
Bon, voici maintenant qu'on en amène une autre ;
Une d'un an, sa sœur sans doute ; un grand chapeau,
Une petite tête, et des yeux ! une peau !
Un sourire! oh! qu'elle est tremblante et délicate !
Chef-d'œuvre, montrez-moi votre petite patte.
Elle allonge le pied et chante... c'est divin.
Quand je songe, et Veuillot n'a pu le dire en vain,
Qu'elles ont toutes deux la tache originelle!
La Chute est leur vrai nom. Chacune porte en elle
L'affreux venin d'Adam (bon style Patouillet) ;
Elles sont, sous le ciel qu'Ève jadis souillait,
D'horribles péchés, faits d'une façon charmante ;
La beauté qui s'ajoute à la faute l'augmente ;
Leur grâce est un remords de plus pour le pécheur,
Et leur mère apparaît, noire de leur blancheur ;
Ces enfants que l'aube aime et que la fleur encense,
C'est la honte portant ce masque, l'innocence ;
Dans ces yeux purs, Trublet l'affirme en son sermon,
Brille l'incognito sinistre du démon ;
C'est le mal, c'est l'enfer, cela sort des abîmes !
Soit. Laissez-moi donner des gâteaux à ces crimes.

―――――

VIII

MARIÉE ET MÈRE

Voir la Jeanne de Jeanne! oh! ce serait mon rêve !
Il est dans l'ombre sainte un ciel vierge où se lève
Pour on ne sait quels yeux on ne sait quel soleil ;
Les âmes à venir sont là ; l'azur vermeil
Les berce, et Dieu les garde, en attendant la vie ;
Car, pour l'âme aux destins ignorés asservie,
Il est deux horizons d'attente, sans combats,
L'un avant, l'autre après le passage ici-bas ;
Le berceau cache l'un, la tombe cache l'autre.
Je pense à cette sphère inconnue à la nôtre
Où, comme un pâle essaim confusément joyeux,
Des flots d'âmes en foule ouvrent leurs vagues yeux ;
Puis, je regarde Jeanne, ange que Dieu pénètre,
Et les petits garçons jouant sous ma fenêtre,
Toute cette gaîté de l'âge sans douleur,
Tous ces amours dans l'œuf, tous ces époux en fleur ;

Et je médite ; et Jeanne entre, sort, court, appelle,
Traîne son petit char, tient sa petite pelle,
Fouille dans mes papiers, creuse dans le gazon.
Saute et jase, et remplit de clarté la maison ;
Son rire est le rayon, ses pleurs sont la rosée.
Et dans vingt ans d'ici je jette ma pensée,
Et de ce qui sera je me fais le témoin,
Comme on jette une pierre avec la fronde au loin.

Une aurore n'est pas faite pour rester seule.

Mon âme de cette âme enfantine est l'aïeule,
Et dans son jeune sort mon cœur pensif descend.

Un jour, un frais matin quelconque, éblouissant,
Épousera cette aube encor pleine d'étoiles ;
Et quelque âme, à cette heure errante sous les voiles
Où l'on sent l'avenir en Dieu se reposer,
Profitera pour naître ici-bas d'un baiser
Que se donneront l'une à l'autre ces aurores.
O tendre oiseau des bois qui dans ton nid pérores,
Voix éparse au milieu des arbres palpitants
Qui chantes la chanson sonore du printemps,
O mésange, ô fauvette, ô tourterelle blanche,
Sorte de rêve ailé fuyant de branche en branche,
Doux murmure envolé dans les champs embaumés,
Je t'écoute et je suis plein de songes. Aimez,
Vous qui vivrez ! Hymen ! chaste hymen ! O nature !
Jeanne aura devant elle alors son aventure,
L'être en qui notre sort s'accroît et s'interrompt ;
Elle sera la mère au jeune et grave front,
La gardienne d'une aube à qui la vie est due,
Épouse responsable et nourrice éperdue,
La tendre âme sévère, et ce sera son tour
De se pencher, avec un inquiet amour,
Sur le frêle berceau, céleste et diaphane ;
Ma Jeanne, ô rêve ! azur ! contemplera sa Jeanne ;
Elle l'empêchera de pleurer, de crier,
Et lui joindra les mains, et la fera prier,
Et sentira sa vie à ce souffle mêlée.
Elle redoutera pour elle une gelée,
Le vent, tout, rien. O fleur fragile du pêcher !
Et, quand le doux petit ange pourra marcher,
Elle la mènera jouer aux Tuileries ;
Beaucoup d'enfants courront sous les branches fleuries,
Mêlant l'avril de l'homme au grand avril de Dieu ;
D'autres femmes, gaîment, sous le même ciel bleu,
Seront là comme Jeanne, heureuses, réjouies
Par cette éclosion d'âmes épanouies ;
Et, sur cette jeunesse inclinant leur beau front,
Toutes ces mères, sœurs devant Dieu, souriront
Dans l'éblouissement de ces roses sans nombre.

Moi je ne serai plus qu'un œil profond dans l'ombre.

IX

Que voulez-vous ? L'enfant me tient en sa puissance ;
Je finis par ne plus aimer que l'innocence ;
Tous les hommes sont cuivre et plomb, l'enfance est or.
J'adore Astyanax et je gourmande Hector.
Es-tu sûr d'avoir fait ton devoir envers Troie ?
Mon ciel est un azur, qui, par instants, foudroie.
Bonté, fureur, c'est là mon flux et mon reflux,
Et je ne suis borné d'aucun côté, pas plus
Quand ma bouche sourit que lorsque ma voix gronde ;
Je me sens plein d'une âme étoilée et profonde ;
Mon cœur est sans frontière, et je n'ai pas d'endroit
Où finisse l'amour des petits, et le droit
Des faibles, et l'appui qu'on doit aux misérables ;
Si c'est un mal, il faut me mettre aux Incurables.
Je ne vois pas qu'allant du ciel au genre humain,
Un rayon de soleil s'arrête à mi-chemin ;
La modération du vrai m'est inconnue ;
Je veux le rire franc, je veux l'étoile nue.
Je suis vieux, vous passez, et moi, triste ou content,
J'ai la paternité du siècle sur l'instant.
Trouvez-moi quelque chose, et quoi que ce puisse être
D'extrême, appartenant à mon emploi d'ancêtre,
Blâme aux uns ou secours aux autres, je le fais.
Un jour, je fus parmi les vainqueurs, j'étouffais ;
Je sentais à quel point vaincre est impitoyable ;
Je pris la fuite. Un roc, une plage de sable
M'accueillirent. La Mort vint me parler. — Proscrit,
Me dit-elle, salut ! — Et quelqu'un me sourit,
Quelqu'un de grand qui rêve en moi, ma conscience.
Et j'aimai les enfants, ne voyant que l'enfance,
O ciel mystérieux, qui valût mieux que moi.
L'enfant, c'est de l'amour et de la bonne foi.
Le seul être qui soit dans cette sombre vie
Petit avec grandeur puisqu'il l'est sans envie,
C'est l'enfant.

C'est pourquoi j'aime ces passereaux.

*

Pourtant, ces myrmidons je les rêve héros.
France, j'attends qu'ils soient au devoir saisissables.
Dès que nos fils sont grands, je les sens responsables ;
Je cesse de sourire ; et je me dis qu'il faut
Livrer une bataille immense à l'échafaud,
Au trône, au sceptre, au glaive, aux Louvres, aux repaires.
Je suis tendre aux petits, mais rude pour les pères.
C'est ma façon d'aimer les hommes faits, je veux
Qu'on pense à la patrie, empoignée aux cheveux
Et par les pieds traînée autour du camp vandale ;
Lorsqu'à Rome, à Berlin, la bête féodale
Renaît et rouvre, affront pour le soleil levant,
Deux gueules qui d'ailleurs s'entremordent souvent,

Je m'indigne. Je sens, ô suprême souffrance,
La diminution tragique de la France,
Et j'accuse quiconque a la barbe au menton;
Quoi! ce grand imbécile a l'âge de Danton!
Quoi! ce drôle est Jocrisse et pourrait être Hoche!
Alors l'aube à mes yeux surgit comme un reproche,
Tout s'éclipse, et je suis de la tombe envieux.
Morne, je me souviens de ce qu'ont fait les vieux;
Je songe à l'océan assiégeant les falaises,
Au vaste écroulement qui suit les Marseillaises,
Aux portes de la nuit, aux hydres, aux dragons,
A tout ce que ces preux ont jeté hors des gonds!
Je les revois mêlant aux éclairs leur bannière;
Je songe à la joyeuse et farouche manière
Dont ils tordaient l'Europe entre leurs poings d'airain;
Oh! ces soldats du Nil, de l'Argonne et du Rhin,
Ces lutteurs, ces vengeurs, je veux qu'on les imite!
Je vous le dis, je suis un aïeul sans limite;
Après l'ange je veux l'archange au firmament;
Moi grand-père indulgent, mais ancêtre inclément,

Aussi doux d'un côté que sévère de l'autre,
J'aime la gloire énorme et je veux qu'on s'y vautre
Quand cette gloire est sainte et sauve mon pays!
Dans les Herculanums et dans les Pompéis
Je ne veux pas qu'on puisse un jour compter nos villes;
Je ne vois pas pourquoi les âmes seraient viles;
Je ne vois pas pourquoi l'on n'égalerait pas
Dans l'audace, l'effort, l'espoir, dans le trépas,
Les hommes d'Iéna, d'Ulm et des Pyramides;
Les vaillants ont-ils donc engendré les timides?
Non, vous avez du sang aux veines, jeunes gens!
Nos aïeux ont été des héros outrageants
Pour le vieux monde infâme; il reste de la place
Dans l'avenir; soyez peuple et non populace;
Soyez comme eux géants! Je n'ai pas de raisons
Pour ne point souhaiter les mêmes horizons,
Les mêmes nations en chantant délivrées,
Le même arrachement des fers et des livrées,
Et la même grandeur sans tache et sans remords
A nos enfants vivants qu'à nos ancêtres morts!

XVI

DEUX CHANSONS

I

CHANSON DE GRAND-PÈRE

Dansez, les petites filles,
Toutes en rond.
En vous voyant si gentilles,
Les bois riront.

Dansez, les petites reines,
Toutes en rond.
Les amoureux sous les frênes
S'embrasseront.

Dansez, les petites folles,
Toutes en rond.
Les bouquins dans les écoles
Bougonneront.

Dansez, les petites belles,
Toutes en rond.
Les oiseaux avec leurs ailes
Applaudiront,

Dansez, les petites fées,
Toutes en rond.
Dansez, de bleuets coiffées,
L'aurore au front.

Dansez, les petites femmes,
Toutes en rond.
Les messieurs diront aux dames
Ce qu'ils voudront.

II

CHANSON D'ANCÊTRE

Parlons de nos aïeux sous la verte feuillée.
Parlons des pères, fils! — Ils ont rompu leurs fers,
Et vaincu; leur armure est aujourd'hui rouillée.
Comme il tombe de l'eau d'une éponge mouillée,
De leur âme dans l'ombre il tombait des éclairs,
Comme si dans la foudre on les avait trempées.
Frappez, écoliers,
Avec les épées
Sur les boucliers.

Ils craignaient le vin sombre et les pâles ménades;
Ils étaient indignés, ces vieux fils de Brennus,
De voir les rois passer fiers sous les colonnades,
Les cortéges des rois étant des promenades
De prêtres, de soldats, de femmes aux seins nus,
D'hymnes et d'encensoirs, et de têtes coupées.

> Frappez, écoliers,
> Avec les épées
> Sur les boucliers.

Ils ont voulu, couvé, créé la délivrance;
Ils étaient les titans, nous sommes les fourmis;
Ils savaient que la Gaule enfanterait la France;
Quand on a la hauteur, on a la confiance;
Les montagnes, à qui le rayon est promis,
Songent, et ne sont point par l'aurore trompées.

> Frappez, écoliers,
> Avec les épées
> Sur les boucliers.

Quand une ligue était par les princes construite,
Ils grondaient, et, pour peu que la chose en valût
La peine, et que leur chef leur criât : Tout de suite!
Ils accouraient; alors les rois prenaient la fuite
En hâte, et les chansons d'un vil joueur de luth
Ne sont pas dans les airs plus vite dissipées.

> Frappez, écoliers,
> Avec les épées
> Sur les boucliers.

Lutteurs du gouffre, ils ont découronné le crime,
Brisé les autels noirs, détruit les dieux brigands;
C'est pourquoi, moi vieillard, penché sur leur abime,
Je les déclare grands, car rien n'est plus sublime
Que l'océan avec ses profonds ouragans,
Si ce n'est l'homme avec ses sombres épopées.

> Frappez, écoliers,
> Avec les épées
> Sur les boucliers.

Hélas! sur leur flambeau, nous leurs fils nous soufflâmes.
Fiers aïeux! ils disaient au faux prêtre : Va-t'en!
Du bûcher misérable ils éteignaient les flammes,
Et c'est par leur secours que plusieurs grandes âmes,
Mises injustement au bagne par Satan,
Tu le sais, Dieu! se sont de l'enfer échappées.

> Frappez, écoliers,
> Avec les épées
> Sur les boucliers.

Levez vos fronts; voyez ce pur sommet, la gloire,
Ils étaient là; voyez cette cime, l'honneur,
Ils étaient là; voyez ce hautain promontoire,
La liberté; mourir libres fut leur victoire;
Il faudra, car l'orgie est un lâche bonheur,
Se remettre à gravir ces pentes escarpées.

> Frappez, chevaliers,
> Avec les épées
> Sur les boucliers.

XVII

JEANNE ENDORMIE

I V

L'oiseau chante; je suis au fond des rêveries.

Rose, elle est là qui dort sous les branches fleuries,
Dans son berceau tremblant comme un nid d'alcyon,
Douce, les yeux fermés, sans faire attention
Au glissement de l'ombre et du soleil sur elle.
Elle est toute petite, elle est surnaturelle.
O suprême beauté de l'enfant innocent!
Moi je pense, elle rêve; et sur son front descend
Un entrelacement de visions sereines;
Des femmes de l'azur qu'on prendrait pour des reines,
Des anges, des lions ayant des airs bénins,
De pauvres bons géants protégés par des nains,

Des triomphes de fleurs dans les bois, des trophées
D'arbres célestes, pleins de la lueur des fées,
Un nuage ou l'éden apparaît à demi,
Voilà ce qui s'abat sur l'enfant endormi.
Le berceau des enfants est un palais des songes;
Dieu se met à leur faire un tas de doux mensonges;
De là leur frais sourire et leur profonde paix.
Plus d'un dira plus tard : Bon Dieu, tu me trompais.

Mais le bon Dieu répond dans la profondeur sombre;
— Non. Ton rêve est le ciel. Je t'en ai donné l'ombre.
Mais le ciel, tu l'auras. Attends l'autre berceau;
La tombe. —

> Ainsi je songe. O printemps! Chante, oiseau!

XVIII

QUE LES PETITS LIRONT

QUAND ILS SERONT GRANDS

I

PATRIE

O France, ton malheur m'indigne et m'est sacré.
Je l'ai dit, et jamais je ne me lasserai
De le redire, et c'est le grand cri de mon âme,
Quiconque fait du mal à ma mère est infâme.
En quelque lieu qu'il soit caché, tous mes souhaits
Le menacent; sur terre ou là-haut, je le hais.
César, je le flétris; destin, je le secoue.
Je questionne l'ombre et je fouille la boue;
L'empereur, ce brigand, le hasard, ce bandit,
Éveillent ma colère; et ma strophe maudit
Avec des pleurs sanglants, avec des cris funèbres,
Le sort, ce mauvais drôle errant dans les ténèbres;
Je rappelle la nuit, le gouffre, le ciel noir,
Et les événements farouches, au devoir.
Je n'admets pas qu'il soit permis aux sombres causes
Qui mêlent aux droits vrais l'aveuglement des choses
De faire rebrousser chemin à la raison;
Je dénonce un revers qui vient par trahison;
Quand la gloire et l'honneur tombent dans une embûche,
J'affirme que c'est Dieu lui-même qui trébuche;
J'interpelle les faits tortueux et rampants,
La victoire, l'hiver, l'ombre et ses guets-apens;
Je dis à ces passants quelconques de l'abîme
Que je les vois, qu'ils sont en train de faire un crime,
Que nous ne sommes point des femmes à genoux,
Que nous réfléchissons, qu'ils prennent garde à nous,
Que ce n'est pas ainsi qu'on doit traiter la France,
Et que, même tombée au fond de la souffrance,
Même dans le sépulcre, elle a l'étoile au front.
Je voudrais bien savoir ce qu'ils me répondront.
Je suis un curieux, et je gènerai, certe,
Le destin qu'un regard sévère déconcerte,
Car on est responsable au ciel plus qu'on ne croit.
Quand le progrès devient boiteux, quand Dieu décroît
En apparence, ayant sur lui la nuit barbare,
Quand l'homme est un esquif dont Satan prend la barre,
Il est certain que l'âme humaine est au cachot,
Et qu'on a dérangé quelque chose là-haut.
C'est pourquoi je demande à l'ombre la parole.
Je ne suis pas de ceux dont la fierté s'envole,
Et qui, pour avoir vu régner des ruffians
Et des gueux, cessent d'être à leur droit confiants;

Je lave ma sandale et je poursuis ma route;
Personne n'a jamais vu mon âme en déroute;
Je ne me trouble point parce qu'en ses reflux
Le vil destin sur nous jette un Rosbach de plus;
La défaite me fait songer à la victoire;
J'ai l'obstination de l'altière mémoire;
Notre linceul toujours eut la vie en ses plis;
Quand je lis Waterloo je prononce Austerlitz.
Le deuil donne un peu plus de hauteur à ma tête.
Mais ce n'est pas assez, je veux qu'on soit honnête
Là-haut, et je veux voir ce que les destins font
Chez eux, dans la forêt du mystère profond;
Car ce qu'ils font chez eux, c'est chez nous qu'on le souffre;
Je prétends regarder face à face le gouffre.
Je sais que l'ombre doit rendre compte aux esprits.
Je désire savoir pourquoi l'on nous a pris
Nos villes, notre armée, et notre force utile;
Et pourquoi l'on filoute et pourquoi l'on mutile
L'immense peuple aimant d'où sortent les clartés;
Je veux savoir le fond de nos calamités,
Voir le dedans du sort misérable, et connaître
Ces recoins où trop peu de lumière pénètre;
Pourquoi l'assassinat du midi par le nord,
Pourquoi Paris vivant vaincu par Berlin mort,
Pourquoi le bagne à l'ange et le trône au squelette;
O France, je prétends mettre sur la sellette
La guerre, les combats, nos affronts, nos malheurs,
Et je ferai vider leur poche à ces voleurs;
Car juger le hasard, c'est le droit du prophète.
J'affirme que la loi morale n'est pas faite
Pour qu'on souffle dessus là-bas, dans la hauteur,
Et qu'un événement peut être un malfaiteur.
J'avertis l'inconnu que je perds patience;
Et c'est là la grandeur de notre conscience
Que, seule et triste, ayant pour appui le berceau,
L'innocence, le droit des faibles, le roseau,
Elle est terrible; elle a, par ce seul mot : Justice,
Entrée au ciel; et, si la comète au solstice
S'égare, elle pourrait lui montrer son chemin;
Elle requiert Dieu même au nom du genre humain;
Elle est la vérité, blanche, pâle, immortelle;
Pas une force n'est la force devant elle;
Les lois qu'on ne voit pas penchent de son côté;
Oui, c'est là la puissance et c'est là la beauté
De notre conscience, — écoute ceci, prêtre, —
Qu'elle ne comprend pas qu'un attentat puisse être

Par quelqu'un qui serait juste, prémédité;
Oui, sans armes, n'ayant que cette nudité,
Le vrai, quand un éclair tombe mal sur la terre,
Quand un des coups obscurs qui sortent du mystère
Frappe à tâtons, et met les peuples en danger,
S'il lui plaisait d'aller là-haut l'interroger
Au milieu de cette ombre énorme qu'on vénère,
Tranquille, elle ferait bégayer le tonnerre.

———

II

PERSÉVÉRANCE

N'importe. Allons au but, continuons. Les choses,
Quand l'homme tient la clef, ne sont pas longtemps closes.
Peut-être qu'elle-même, ouvrant ses pâles yeux,
La nuit, lasse du mal, ne demande pas mieux
Que de trouver celui qui saura la convaincre.
Le devoir de l'obstacle est de se laisser vaincre.
L'obscurité nous craint et recule en grondant.
Regardons les penseurs de l'âge précédent,
Ces héros, ces géants, qu'une même âme anime,
Détachés par la mort de leur travail sublime,
Passer, les pieds poudreux et le front étoilé;
Saluons la sueur du relais dételé;
Et marchons. Nous aussi, nous avons notre étape.
Le pied de l'avenir sur notre pavé frappe;
En route! Poursuivons le chemin commencé;
Augmentons l'épaisseur de l'ombre du passé;
Laissons derrière nous, et le plus loin possible,
Toute l'antique horreur, de moins en moins visible.
Déjà le précurseur dans ces brumes brilla;
Platon vint jusqu'ici, Luther a monté là;
Voyez, de grands rayons marquent de grands passages;
L'ombre est pleine partout du flamboiement des sages;
Voici l'endroit profond où Pascal s'est penché,
Criant : gouffre! Jean-Jacque où je marche a marché;
C'est là que, s'envolant lui-même aux cieux, Voltaire,
Se sentant devenir sublime, a perdu terre,
Disant : Je vois! ainsi qu'un prophète ébloui.
Luttons, comme eux; luttons, le front épanoui;
Marchons! un pas qu'on fait, c'est un champ qu'on révèle;
Déchiffrons dans les temps nouveaux la loi nouvelle;
Le cœur n'est jamais sourd, l'esprit n'est jamais las,
Et la route est ouverte aux fiers apostolats.

O tous! vivez, marchez, croyez! soyez tranquilles.
— Mais quoi! le râle sourd des discordes civiles,
Ces siècles de douleurs, de pleurs, d'adversités,
Hélas! tous ces souffrants, tous ces déshérités,
Tous ces proscrits, le deuil, la haine universelle,
Tout ce qui dans le fond des âmes s'amoncelle,
Cela ne va-t-il pas éclater tout à coup?
La colère est partout, la fureur est partout;

Les cieux sont noirs; voyez, regardez; il éclaire! —
Qu'est-ce que la fureur? qu'importe la colère?
La vengeance sera surprise de son fruit;
Dieu nous transforme; il a pour tâche en notre nuit
L'auguste avortement de la foudre en aurore.

Dieu prend dans notre cœur la haine et la dévore;
Il se jette sur nous des profondeurs du jour,
Et nous arrache tout de l'âme, hors l'amour;
Avec ce bec d'acier, la conscience, il plonge
Jusqu'à notre pensée et jusqu'à notre songe,
Fouille notre poitrine et, quoi que nous fassions,
Jusqu'aux vils intestins qu'on nomme passions;
Il pille nos instincts mauvais, il nous dépouille
De ce qui nous tourmente et de ce qui nous souille;
Et, quand il nous a faits pareils au ciel béni,
Bons et purs, il s'envole, et rentre à l'infini;
Et, lorsqu'il a passé sur nous, l'âme plus grande
Sent qu'elle ne hait plus, et rend grâce, et demande :
Qui donc m'a prise ainsi dans ses serres de feu?
Et croit que c'est un aigle, et comprend que c'est Dieu.

———

III

PROGRÈS

En avant, grande marche humaine!
Peuple, change de région.
O larve, deviens phénomène;
O troupeau, deviens légion.
Cours, aigle, où tu vois l'aube éclore.
L'acceptation de l'aurore
N'est interdite qu'aux hiboux.
Dans le soleil Dieu se devine;
Le rayon a l'âme divine
Et l'âme humaine à ses deux bouts.

Il vient de l'une et vole à l'autre;
Il est pensée, étant clarté;
En haut archange, en bas apôtre,
En haut flamme, en bas liberté.
Il crée Horace ainsi que Dante,
Dore la rose au vent pendante,
Et le chaos où nous voguons;
De la même émeraude il touche
L'humble plume de l'oiseau-mouche
Et l'âpre écaille des dragons.

Prenez les routes lumineuses,
Prenez les chemins étoilés.
Esprits semeurs, âmes glaneuses,
Allez, allez, allez, allez!
Esclaves d'hier, tristes hommes,
Hors des bagnes, hors des sodomes,

Marchez, soyez vaillants, montez;
Ayez pour triomphe la gloire
Où vous entrez, ô foule noire,
Et l'opprobre dont vous sortez!
Homme, franchis les mers. Secoue
Dans l'écume tout le passé;
Allume en étoupe à ta proue
Le chanvre du gibet brisé.
Gravis les montagnes. Écrase
Tous les vieux monstres dans la vase;
Ressemble aux anciens Apollons;
Quand l'épée est juste, elle est pure;
Va donc! car l'homme a pour parure
Le sang de l'hydre à ses talons.

VI

FRATERNITÉ

*

Je rêve l'équité, la vérité profonde,
L'amour qui veut, l'espoir qui luit, la foi qui fonde,
Et le peuple éclairé plutôt que châtié.
Je rêve la douceur, la bonté, la pitié,
Et le vaste pardon. De là ma solitude.

*

La vieille barbarie humaine a l'habitude
De s'absoudre, et de croire, hélas, que ce qu'on veut,
Prêtre ou juge on a droit de le faire, et qu'on peut
Oter sa conscience en mettant une robe.
Elle prend l'équité céleste, elle y dérobe
Ce qui la gêne, y met ce qui lui plaît; biffant
Tout ce qu'on doit au faible, à la femme, à l'enfant.
Elle change le chiffre, elle change la somme,
Et du droit selon Dieu fait la loi selon l'homme.
De là les hommes-dieux, de là les rois-soleils;
De là sur les pavés tant de ruisseaux vermeils;
De là les Laffemas, les Vouglans, les Bavilles;
De là l'effroi des champs et la terreur des villes,
Les lapidations, les deuils, les cruautés,
Et le front sérieux des sages insultés.

*

Jésus paraît; qui donc s'écrie : Il faut qu'il meure!
C'est le prêtre. O douleur! A jamais, à demeure,
Et quoi que nous disions, et quoi que nous songions,
Les euménides sont dans les religions!
Mégère est catholique; Alecton est chrétienne;
Clotho, nonne sanglante, accompagnait l'antienne

D'Arbuez, et l'on entend dans l'église sa voix;
Ces bacchantes du meurtre encourageaient Louvois;
Et les monts étaient pleins du cri de ces ménades
Quand Bossuet poussait Boufflers aux dragonnades.

*

Ne vous figurez pas, si Dieu lui-même accourt,
Que l'antique fureur de l'homme reste court,
Et recule devant la lumière céleste.
Au plus pur vent d'en haut elle mêle sa peste,
Elle mêle sa rage aux plus doux chants d'amour,
S'enfuit avec la nuit, mais rentre avec le jour.
Le progrès le plus vrai, le plus beau, le plus sage,
Le plus juste, subit son monstrueux passage.
L'aube ne peut chasser l'affreux spectre importun.
Cromwell frappe un tyran, Charles; il en reste un,
Cromwell. L'atroce meurt, l'atrocité subsiste.
Le bon sens, souriant et sévère exorciste,
Attaque ce vampire et n'en a pas raison.
Comme une sombre aïeule habitant la maison,
La barbarie a fait de nos cœurs ses repaires,
Et tient les fils après avoir tenu les pères.
L'idéal un jour naît sur l'ancien continent,
Tout un peuple ébloui se lève rayonnant,
Le quatorze juillet jette au vent les bastilles,
Les révolutions, ô Liberté, tes filles,
Se dressent sur les monts et sur les océans
Et gagnent la bataille énorme des géants,
Toute la terre assiste à la fuite inouïe
Du passé, néant, nuit, larve, ombre évanouie!
L'inepte barbarie attente à ce laurier,
Et perd Torquemada, mais retrouve Carrier.
Elle se trouble peu de toute cette aurore.
La vaste ruche humaine, éveillée et sonore,
S'envole dans l'azur, travaille aux jours meilleurs,
Chante, et fait tous les miels avec toutes les fleurs;
La vieille âme du vieux Caïn, l'antique Haine
Est là, voit notre éden et songe à sa géhenne
Ne veut pas s'interrompre et ne veut pas finir,
Rattache au vil passé l'éclatant avenir,
Et remplace, s'il manque un chaînon à sa chaîne,
Le père Letellier par le père Duchêne;
De sorte que Satan peut, avec les maudits,
Rire de notre essai manqué de paradis.
Eh bien, moi, je dis : Non! tu n'es pas en démence,
Mon cœur, pour vouloir l'homme indulgent, bon, immense,
Pour crier: Sois clément! sois clément! sois clément!
Et parce que ta voix n'a pas d'autre enrouement!

Tu n'es pas furieux parce que tu souhaites
Plus d'aube au cygne et moins de nuit pour les chouettes;
Parce que tu gémis sur tous les opprimés;
Non, ce n'est pas un fou celui qui dit : Aimez!
Non, ce n'est pas errer et rêver que de croire
Que l'homme ne naît point avec une âme noire,
Que le bon est latent dans le pire, et qu'au fond

Peu de fautes vraiment sont de ceux qui les font.
L'homme est au mal ce qu'est à l'air le baromètre ;
Il marque les degrés du froid, sans rien omettre,
Mais sans rien ajouter, et, s'il monte ou descend,
Hélas ! la faute en est au vent, ce noir passant.
L'homme est le vain drapeau d'un sinistre édifice ;
Tout souffle qui frémit, flotte, serpente, glisse
Et passe, il le subit, et le pardon est dû
A ce haillon vivant dans les cieux éperdu.
Hommes, pardonnez-vous. O mes frères, vous êtes
Dans le vent, dans le gouffre obscur, dans les tempêtes,
Pardonnez-vous. Les cœurs saignent, les ans sont courts.
Ah ! donnez-vous les uns aux autres ce secours !
Oui, même quand j'ai fait le mal, quand je trébuche
Et tombe, l'ombre étant la cause de l'embûche,
La nuit faisant l'erreur, l'hiver faisant le froid,
Être absous, pardonné, plaint, aimé, c'est mon droit.

Un jour, je vis passer une femme inconnue.
Cette femme semblait descendre de la nue ;
Elle avait sur le dos des ailes, et du miel
Sur sa bouche entr'ouverte, et dans ses yeux le ciel.
A des voyageurs las, à des errants sans nombre,
Elle montrait du doigt une route dans l'ombre,
Et semblait dire : On peut se tromper de chemin :
Son regard faisait grâce à tout le genre humain ;
Elle était radieuse et douce ; et, derrière elle,
Des monstres attendris venaient, baisant son aile,
Des lions graciés, des tigres repentants,
Nemrod sauvé, Néron en pleurs ; et par instants
A force d'être bonne elle paraissait folle.
Et, tombant à genoux, sans dire une parole,
Je l'adorai, croyant deviner qui c'était.
Mais elle, — devant l'ange en vain l'homme se tait, —
Vit ma pensée, et dit : Faut-il qu'on t'avertisse ?
Tu me crois la pitié ; fils, je suis la justice.

———

V

L'AME A LA POURSUITE DU VRAI

I

Je m'en irai dans les chars sombres
Du songe et de la vision ;
Dans la blême cité des ombres
Je passerai comme un rayon ;
J'entendrai leurs vagues huées ;
Je semblerai dans les nuées
Le grand échevelé de l'air ;
J'aurai sous mes pieds le vertige,
Et dans les yeux plus de prodige
Que le météore et l'éclair.

Je rentrerai dans ma demeure,
Dans le noir monde illimité,

Jetant à l'éternité l'heure
Et la terre à l'immensité,
Repoussant du pied nos misères,
Je prendrai le vrai dans mes serres
Et je me transfigurerai,
Et l'on ne verra plus qu'à peine
Un reste de lueur humaine
Trembler sous mon sourcil sacré.

Car je ne serai plus un homme ;
Je serai l'esprit ébloui
A qui le sépulcre se nomme,
A qui l'énigme répond : oui.
L'ombre aura beau se faire horrible ;
Je m'épanouirai terrible,
Comme Élie à Gethsémani,
Comme le vieux Thalès de Grèce,
Dans la formidable allégresse
De l'abîme et de l'infini.

Je questionnerai le gouffre
Sur le secret universel,
Et le volcan, l'urne de soufre,
Et l'océan, l'urne de sel ;
Tout ce que les profondeurs savent,
Tout ce que les tourmentes lavent,
Je sonderai tout ; et j'irai
Jusqu'à ce que, dans les ténèbres,
Je heurte mes ailes funèbres
A quelqu'un de démesuré.

Parfois m'envolant jusqu'au faîte,
Parfois tombant de tout mon poids,
J'entendrai crier sur ma tête
Tous les cris de l'ombre à la fois,
Tous les noirs oiseaux de l'abîme,
L'orage, la foudre sublime,
L'âpre aquilon séditieux,
Tous les effrois qui, pêle-mêle,
Tourbillonnent, battant de l'aile,
Dans le précipice des cieux.

La Nuit pâle, immense fantôme
Dans l'espace insondable épars,
Du haut du redoutable dôme,
Se penchera de toutes parts ;
Je la verrai lugubre et vaine,
Telle que la vit Antisthène
Qui demandait aux vents : Pourquoi ?
Telle que la vit Épicure,
Avec des plis de robe obscure
Flottant dans l'ombre autour de moi.

— Homme ! la démence t'emporte,
Dira le nuage irrité.
— Prends-tu la nuit pour une porte ?
Murmurera l'obscurité.

L'espace dira : — Qui t'égare ?
Passeras-tu, barde, où Pindare
Et David ne sont point passés ?
— C'est ici, criera la tempête,
Qu'Hésiode a dit : Je m'arrête !
Qu'Ézéchiel a dit : Assez !

Mais tous les efforts des ténèbres
Sur mon essor s'épuiseront
Sans faire fléchir mes vertèbres
Et sans faire pâlir mon front ;
Au sphinx, au prodige, au problème,
J'apparaîtrai, monstre moi-même,
Être pour deux destins construit,
Ayant, dans la céleste sphère,
Trop de l'homme pour la lumière,
Et trop de l'ange pour la nuit.

II

L'ombre dit au poëte : — Imite
Ceux que retient l'effroi divin :
N'enfreins pas l'étrange limite
Que nul n'a violée en vain ;
Ne franchis pas l'obscure grève
Où la nuit, la tombe et le rêve
Mêlent leurs souffles inouïs,
Où l'abîme sans fond, sans forme,
Rapporte dans sa houle énorme
Les prophètes évanouis.

Tous les essais que tu peux faire
Sont inutiles et perdus.
Prends un culte, choisis, préfère ;
Tes vœux ne sont pas entendus ;
Jamais le mystère ne s'ouvre ;
La tranquille immensité couvre
Celui qui devant Dieu s'enfuit
Et celui qui vers Dieu s'élance
D'une égalité de silence
Et d'une égalité de nuit.

Va sur l'Olympe où Stésichore,
Cherchant Jupiter, le trouva ;
Va sur l'Horeb qui fume encore
Du passage de Jéhovah ;
O songeur, ce sont là des cimes,
De grands buts, des courses sublimes...
On en revient désespéré,
Honteux, au fond de l'ombre noire,
D'avoir abdiqué jusqu'à croire !
Indigné d'avoir adoré !

L'Olympien est de la brume ;
Le Sinaïque est de la nuit.

Nulle part l'astre ne s'allume,
Nulle part l'ombre ne bleuit.
Que l'homme vive et s'en contente ;
Qu'il reste l'homme ; qu'il ne tente
Ni l'obscurité, ni l'éther ;
Sa flamme à la fange est unie,
L'homme est pour le ciel un génie,
Mais l'homme est pour la terre un ver.

L'homme a Dante, Shakspeare, Homère ;
Ses arts sont un trépied fumant ;
Mais prétend-il de sa chimère
Illuminer le firmament ?
C'est toujours quelque ancienne idée
De l'Élide ou de la Chaldée
Que l'âge nouveau rajeunit.
Parce que tu luis dans ta sphère,
Esprit humain, crois-tu donc faire
De la flamme jusqu'au zénith !

Après Socrate et le Portique,
Sans t'en douter, tu mets le feu
A la même chimère antique
Dont l'Inde ou Rome ont fait un dieu ;
Comme cet Éson de la fable,
Tu retrempes dans l'ineffable,
Dans l'absolu, dans l'infini,
Quelque Ammon d'Égypte ou de Grèce,
Ce qu'avant toi maudit Lucrèce,
Ce qu'avant toi Job a béni.

Tu prends quelque être imaginaire,
Vieux songe de l'humanité,
Et tu lui donnes le tonnerre,
L'auréole, l'éternité.
Tu le fais, tu le renouvelles ;
Puis, tremblant, tu te le révèles,
Et tu frémis en le créant ;
Et, lui prêtant vie, abondance,
Sagesse, bonté, providence,
Tu te chauffes à ce néant !

Sous quelque mythe qu'il s'enferme,
Songeur, il n'est point de Baal
Qui ne contienne en lui le germe
D'un éblouissant idéal ;
De même qu'il n'est pas d'épine,
Pas d'arbre mort dans la ruine,
Pas d'impur chardon dans l'égout,
Qui, si l'étincelle le touche,
Ne puisse, dans l'âtre farouche,
Faire une aurore tout à coup !

Vois dans les forêts la broussaille,
Culture abjecte du hasard ;
Déguenillée, elle tressaille
Au glissement froid du lézard ;

Jette un charbon, ce houx sordide
Va s'épanouir plus splendide
Que la tunique d'or des rois;
L'éclair sort de la ronce infâme;
Toutes les pourpres de la flamme
Dorment dans ce haillon des bois.

Comme un enfant qui s'émerveille
De tirer, à travers son jeu,
Une splendeur gaie et vermeille
Du vil sarment qu'il jette au feu,
Tu concentres toute la flamme
De ce que peut rêver ton âme
Sur le premier venu des dieux,
Puis tu t'étonnes, ô poussière,
De voir sortir une lumière
De cet Irmensul monstrueux.

A la vague étincelle obscure
Que tu tires d'un Dieu pervers,
Tu crois raviver la nature,
Tu crois réchauffer l'univers;
O nain, ton orgueil s'imagine
Avoir retrouvé l'origine,
Que tous vont s'aimer désormais,
Qu'on va vaincre les nuits immondes,
Et tu dis : La lueur des mondes
Va flamboyer sur les sommets!

Tu crois voir une aube agrandie
S'élargir sous le firmament
Parce que ton rêve incendie
Un Dieu, qui rayonne un moment.
Non. Tout est froid. L'horreur t'enlace.
Tout est l'affreux temple de glace,
Morne à Delphes, sombre à Béthel.
Tu fais à peine, esprit frivole,
En brûlant le bois de l'idole,
Tiédir la pierre de l'autel. —

III

Je laisse ces paroles sombres
Passer sur moi sans m'émouvoir
Comme on laisse dans les décombres
Frissonner les branches le soir;
J'irai, moi le curieux triste,
J'ai la volonté qui persiste;
L'énigme traître a beau gronder;
Je serai, dans les brumes louches,
Dans les crépuscules farouches,
La face qui vient regarder.

Vie et mort! ô gouffre! Est-ce un piége
La fleur qui s'ouvre et se flétrit,

POÉSIE. — XII.

L'atome qui se désagrége,
Le néant qui se repétrit?
Quoi! rien ne marche! rien n'avance!
Pas de moi! Pas de survivance!
Pas de lien! Pas d'avenir!
C'est pour rien, ô tombes ouvertes,
Qu'on entend vers les découvertes
Les chevaux du rêve hennir!

Est-ce que la nature enferme
Pour des avortements bâtards
L'élément, l'atome, le germe,
Dans le cercle des avatars?
Que serait donc ce monde immense,
S'il n'avait pas la conscience
Pour lumière et pour attribut?
Épouvantable échelle noire
De renaissances sans mémoire
Dans une ascension sans but!

La larve du spectre suivie,
Ce serait tout! Quoi donc! ô sort,
J'aurais un devoir dans la vie
Sans avoir un droit dans la mort!
Depuis la pierre jusqu'à l'ange,
Qu'est-ce alors que ce vain mélange
D'êtres dans l'obscur tourbillon?
L'aube est-elle sincère ou fausse?
Naître, est-ce vivre? En quoi la fosse
Diffère-t-elle du sillon?

— Mange le pain; je mange l'homme,
Dit Tibère. A-t-il donc raison?
Satan la femme, Ève la pomme,
Est-ce donc la même moisson?
Nemrod souffle comme la bise;
Gengis le sabre au poing, Cambyse
Avec un flot d'hommes démons,
Tue, extermine, écrase, opprime,
Et ne commet pas plus de crime
Qu'un roc roulant du haut des monts!

Oh non! la vie au noir registre,
Parmi le genre humain troublé,
Passe, inexplicable et sinistre,
Ainsi qu'un espion voilé;
Grands et petits, les fous, les sages,
S'en vont, nommés dans les messages
Qu'elle jette au ciel triste ou bleu;
Malheur aux méchants! et la tombe
Est la bouche de bronze où tombe
Tout ce qu'elle dénonce à Dieu.

— Mais ce Dieu même, je le nie;
Car il aurait, ô vain croyant,
Créé sa propre calomnie
En créant ce monde effrayant. —

7

Ainsi parle, calme et funèbre,
Le doute appuyé sur l'algèbre;
Et moi qui sens frémir mes os,
Allant des langes aux suaires,
Je regarde les ossuaires
Et je regarde les berceaux.

Mort et vie! énigmes austères!
Dessous est la réalité.
C'est là que les Kants, les Voltaires,
Les Euclides ont hésité.
Eh bien! j'irai, moi qui contemple,
Jusqu'à ce que, perçant le temple
Et le dogme, ce double mur,
Mon esprit découvre et dévoile
Derrière Jupiter l'étoile,
Derrière Jéhovah l'azur!

Car il faut qu'enfin on rencontre
L'indestructible vérité,

Et qu'un front de splendeur se montre
Sous ces masques d'obscurité;
La nuit tâche, en sa noire envie,
D'étouffer le germe de vie,
De toute-puissance et de jour,
Mais moi, le croyant de l'aurore,
Je forcerai bien Dieu d'éclore
A force de joie et d'amour!

Est-ce que vous croyez que l'ombre
A quelque chose à refuser
Au dompteur du temps et du nombre,
A celui qui veut tout oser,
Au poëte qu'emporte l'àme,
Qui combat dans leur culte infâme
Les payens comme les hébreux,
Et qui, la tête la première,
Plonge, éperdu dans la lumière,
A travers leur dieu ténébreux!

TABLE

I

A GUERNESEY

		Pages.
I.	L'EXILÉ SATISFAIT.	1
II.	Qu'est-ce que cette terre? Une tempête d'âmes	1
III.	JEANNE FAIT SON ENTRÉE.	2
IV.	VICTOR, SED VICTUS	2
V.	L'AUTRE	2
VI.	GEORGES ET JEANNE.	2
VII.	Parfois je me sens pris d'horreur pour cette terre.	3
VIII.	LÆTITIA RERUM.	3
IX.	Je prendrai par la main les deux petits enfants.	4
X.	PRINTEMPS.	4
XI.	FENÊTRES OUVERTES.	5
XII.	UN MANQUE.	5

II

JEANNE ENDORMIE

1.	LA SIESTE	6

III

LA LUNE

I.	Jeanne songeait, sur l'herbe assise, grave et rose.	6
II.	CHOSES DU SOIR	6
III.	Ah! vous voulez la lune! Où? dans le fond du puits?	7
IV.	— Oh! comme ils sont goulus! dit la mère parfois.	7

IV

LE POËME DU JARDIN DES PLANTES

1.	Le comte de Buffon fut bonhomme, il créa	8

		Pages.
II.	Les bêtes, cela parle; et Dupont de Nemours	9
III.	CE QUE DIT LE PUBLIC	9
IV.	A GEORGES.	10
V.	ENCORE DIEU, MAIS AVEC DES RESTRICTIONS	10
VI.	A JEANNE.	11
VII.	Tous les bas âges sont épars sous ces grands arbres.	11
VIII.	C'est une émotion étrange pour mon âme	12
IX.	La face de la bête est terrible; on y sent.	13
X.	Toutes sortes d'enfants, blonds, lumineux, vermeils	14

V

JEANNE ENDORMIE

II.	Elle dort; ses beaux yeux se rouvriront demain.	15

VI

GRAND AGE ET BAS AGE MÊLÉS

I.	Mon âme est faite ainsi que jamais ni l'idée	16
II.	CHANT SUR LE BERCEAU.	16
III.	LA CICATRICE	16
IV.	UNE TAPE	17
V.	Ma Jeanne, dont je suis doucement insensé.	17
VI.	Jeanne était au pain sec dans le cabinet noir.	17
VII.	CHANSON POUR FAIRE DANSER EN ROND LES PETITS ENFANTS	18
VIII.	LE POT CASSÉ.	18
IX.	Et Jeanne à Mariette a dit : Je savais bien	18
X.	Tout pardonner, c'est trop.	18

VII

L'IMMACULÉE CONCEPTION

L'IMMACULÉE CONCEPTION	19

VIII

LES GRIFFONNAGES DE L'ÉCOLIER

Pages.

Les griffonnages de l'écolier 20

IX

LES FREDAINES DU GRAND-PÈRE ENFANT

Pepita 22

X

ENFANTS, OISEAUX ET FLEURS

I. J'aime un groupe d'enfants qui rit et qui s'assemble 23
II. Je suis des bois l'hôte fidèle : 23
III. Dans le jardin 23
IV. Le trouble-fête 24
V. Ora, ama 24
VI. La mise en liberté 24

XI

JEANNE LAPIDÉE

Bruxelles. — Nuit du 27 mai 25

XII

JEANNE ENDORMIE

III. Jeanne dort; elle laisse, ô pauvre ange banni . . 26

XIII

L'ÉPOPÉE DU LION

I. Le paladin 27
II. L'ermite 28
III. La chasse et la nuit 28
IV. L'aurore 30

XIV

A DES AMES ENVOLÉES

Pages.

Ces âmes que tu rappelles 31

XV

LAUS PUERO

I. Les enfants gâtés 31
II. Le Syllabus 32
III. Enveloppe d'une pièce de monnaie dans
      une quête faite par Jeanne 32
IV. A propos de la loi dite liberté de
      l'enseignement 33
V. Les enfants pauvres 33
VI. Aux champs 34
VII. Encore l'Immaculée Conception 34
VIII. Mariée et mère 34
IX. Que voulez-vous? l'enfant me tient en sa puissance 35

XVI

DEUX CHANSONS

I. Chanson de grand-père 36
II. Chanson d'ancêtre 36

XVII

JEANNE ENDORMIE

IV. L'oiseau chante; je suis au fond des rêveries . . . 37

XVIII

QUE LES PETITS LIRONT QUAND ILS SERONT GRANDS

I. Patrie 38
II. Persévérance 39
III. Progrès 39
IV. Fraternité 40
V. L'âme a la poursuite du vrai 44

PARIS. — IMP. DE LA SOC. ANON. DE PUBL. PÉRIOD. — P. MOUILLOT. — 54110.

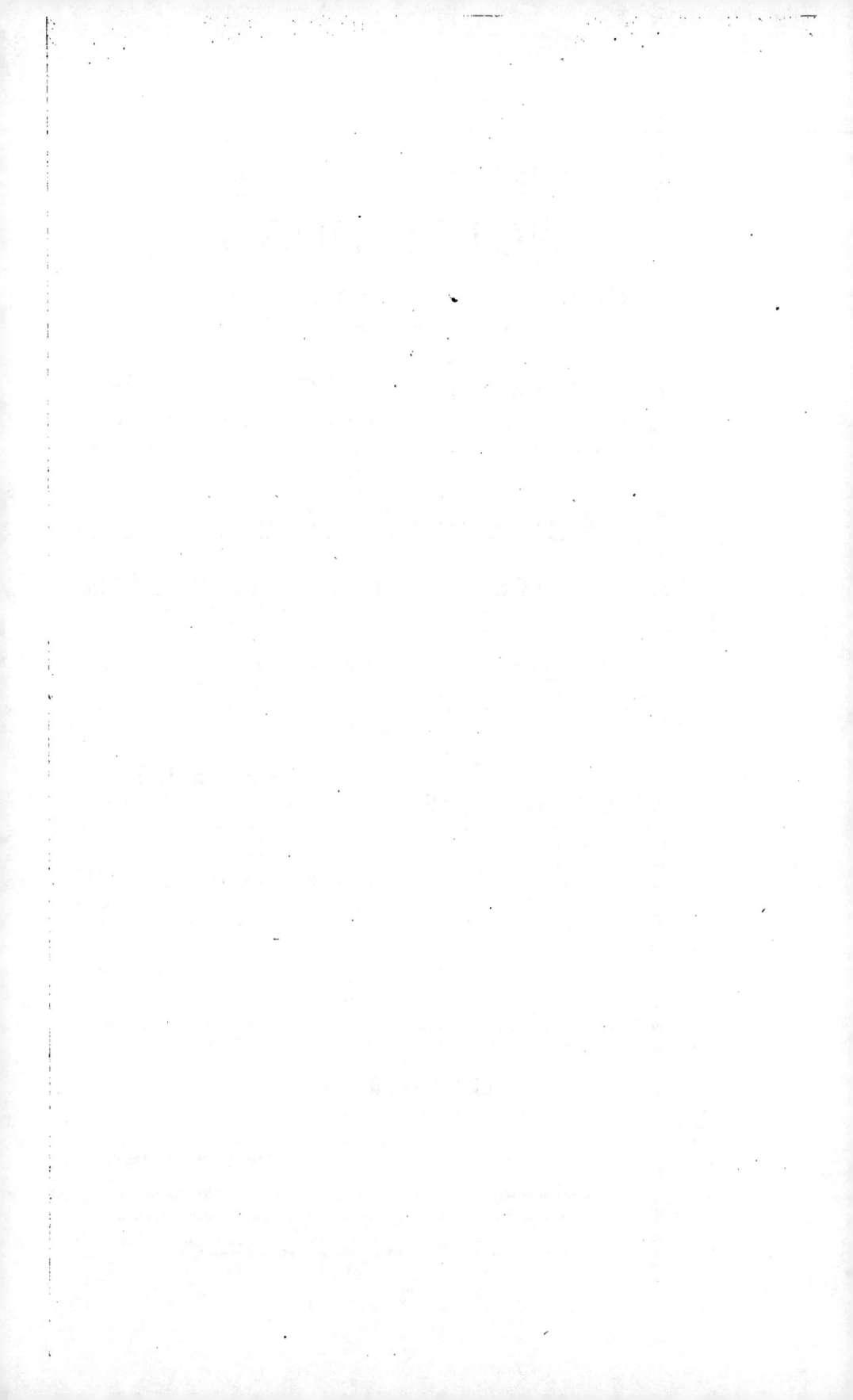

Eugène HUGUES, Éditeur, rue Thérèse, 8, PARIS

VICTOR HUGO

NOUVELLES ÉDITIONS ILLUSTRÉES

EN LIVRAISONS A 10 CENT., ET EN SÉRIES A 50 CENT.

En cours de publication :

HAN D'ISLANDE	L'ART D'ÊTRE GRAND'PÈRE
45 livraisons. — 9 séries	LES QUATRE VENTS DE L'ESPRIT

Ouvrages complets

DESSINS DE MM.

MEISSONIER, J.-P. LAURENS, BRION, DE NEUVILLE, RAFFET, BAYARD, DAUBIGNY, CHIFFLART, GAVARNI
LIX, VIOLLET-LE-DUC, K. BODMER, TONY JOHANNOT, MORIN, D. VIERGE, JACQUE
FLAMENG, MAILLARD, A. MARIE, LANÇON, H. SCOTT, FÉRAT, RIOU, FOULQUIER, LEMUD, MÉRYON — VICTOR HUGO

LES CHATIMENTS

45 livraisons, 9 séries. — Le volume, 4 fr. 50
Toile tr. dorée, 8 fr. — Demi-reliure tr. dorée, 9 fr.

THÉATRE

"ERNANI. — MARION DE LORME. — LE ROI S'AMUSE
LUCRÈCE BORGIA. — MARIE TUDOR. — ANGELO
LA ESMERALDA. — RUY BLAS. — LES BURGRAVES
TORQUEMADA.

12 fascicules : 11 à 50 cent., le 12e à 70 cent.
Le volume, 7 francs.—Chaque pièce séparée, 1 franc.

QUATREVINGT-TREIZE

60 livraisons à 10 cent. — 12 séries à 50 cent.
le volume, 6 fr.

Cartonné toile. fers spéciaux, 9 fr.
Demi-reliure, tr. dorée, 10 fr.

HISTOIRE D'UN CRIME

60 livraisons à 10 cent. — 12 séries à 50 cent.
Broché, 6 fr.—Demi-reliure, tr. dorée, 10 fr.

NAPOLÉON LE PETIT

30 livraisons à 10 cent. — 6 séries à 50 cent.
Broché, 3 fr.—Demi-reliure, tr. dorée, 7 fr.

LA LÉGENDE DES SIÈCLES

8 fascicules à 50 centimes. — *Le volume 4 fr.*

LES

TRAVAILLEURS DE LA MER

DESSINS DE VICTOR HUGO

66 livraisons à 10 cent. — 13 séries à 50 cent.
Broché, 7 fr. — Toile, tranche dorée . . . . . 11 fr.
Demi-reliure, tranche dorée. . . . . 12 fr.

L'ANNÉE TERRIBLE

40 livraisons à 10 cent. — 8 séries à 50 cent.

Broché, 4 fr. — Cart. toile, tr. dorée, 7 fr. 50
Demi-reliure, tr. dorée, 8 fr. 50

NOTRE-DAME DE PARIS

85 livraisons à 10 cent. — 17 séries à 50 cent.
Broché, 8 fr. 50.—Cart., tr. dorée, 12 fr.
Demi-reliure, 13 fr.

LE DERNIER JOUR

D'UN CONDAMNÉ. — CLAUDE GUEUX
20 livraisons à 10 cent. — 4 séries à 50 cent.
Le volume, broché, 2 fr.

LES MISÉRABLES

I. FANTINE. Prix, broché	.... 5 fr. » »	IV. L'IDYLLE RUE PLUMET ET L'ÉPOPÉE RUE SAINT-		
II. COSETTE. —	.... 4 fr. 50	DENIS	....	5 fr. 50
III. MARIUS. —	.... 4 fr. » »	V. JEAN VALJEAN	....	5 fr. » »

Les cinq volumes, 24 fr.—Cartonné toile, tranche dorée, 39 fr. — Demi-reliure, tranche dorée, 44 fr.

LA SOUSCRIPTION RESTE PERMANENTE AUX LIVRAISONS, SÉRIES ET VOLUMES DE TOUS CES OUVRAGES
Envoi *franco* dans toute la France contre le prix en un mandat-poste à l'adresse de l'Éditeur.

PARIS. — IMP. DE LA SOC. ANON. DE PUBL. PÉRIOD. — P. MOUILLOT. — 55094

www.ingramcontent.com/pod-product-compliance
Lightning Source LLC
LaVergne TN
LVHW021659080426
835510LV00011B/1484